忍耐の時代の
経営戦略

企業の命運を握る
3つの成長戦略

大川隆法
RYUHO OKAWA

MANAGEMENT STRATEGY IN THE AGE OF PERSEVERANCE

まえがき

本年は、日本のメイントレンドを創る本としては、『忍耐の法』をすでに刊行しており、もう三カ月以上ベストセラーを続けている。

本書は『忍耐の法』の経営者向けバージョンである。あまり同業他社の人に多く読まれ過ぎないことが、意外性のある成功を生むことが多いので、特別豪華装丁《ごうかそうてい》本として、限定的に公開販布《はんぷ》することとした。本書を読むのは、「経営書コーナー」に「大川隆法著作シリーズ」が一定のシェアを占めているのを知っている人ぐらいだろう。

一年余り前、「アベノミクス」は期待をもって語られた。しかし、二〇一三年秋に、本年四月からの消費税3%アップ（5%→8%）と、更にひき続いての2%アップを狙《ねら》って、合計10%へと倍増することが明確になってから、失速《しっそく》しつつある。百年一日が如しの財務省の「財政再建派」が、本能的に民間の不況を願っているがゆえに「アベノミクス」潰《つぶ》しの挙に出たのだ。発想の原点は、「政府の税収が豊かになることは、国が豊かになること」と考える、国家の私物化、あるいは、「天動説」である。つまり、財務省（地球）の周りを国家も企業も国民もグルグル回っているとする自己中心的な経済理論である。

一九八〇年代の土光臨調《どこうりんちょう》の際には、政府の財政累積赤字が「百兆円」もあると、大騒ぎになった。いまや「一千兆円」である。国の借金と彼らは言うが、国民は、ほぼ同額の債権を持っており、さらに約五百兆円もの資金余剰を預金などで持っている。菅元総理がまっ青になって飛んで帰った際のスペインの国家財政とは全く違うのだ。

サラリーマンの源泉徴収制度を創り、税務署ではなく、会社に税金を計算させて国に納めさせたのは、ヒットラーの経済的天才に負うという。今の消費税も、消費者が払うのではなく、定価が上がって、消費税分だけ会社が払うだけのことである。内需の冷え込みに中小企業は耐えられるか。還付金は大企業を利するのみである。

さあ、本書で戦略の練り直しに入ろう。

二〇一四年　三月二十六日

幸福《こうふく》の科学《かがく》グループ創始者兼総裁《そうししゃけんそうさい》　大川隆法《おおかわりゅうほう》

忍耐の時代の経営戦略　目次

忍耐《にんたい》の時代の経営戦略

――企業《きぎょう》の命運を握《にぎ》る3つの成長戦略――

二〇一四年一月四日　収録
東京都・幸福の科学総合本部にて

忍《にん》耐《たい》の時代の経営戦略

―企《き》業《ぎょう》の命運を握《にぎ》る3つの成長戦略―

二〇一四年一月四日　収録

東京都・幸福の科学総合本部にて

1 アベノミクスは「成功していない」

マスコミには出ていない「経済動向の読み方」を説く

今年（二〇一四年）、最初の経営関係の法話《ほうわ》として、「忍耐《にんたい》の時代の経営戦略」と題しました。先般《せんぱん》、『忍耐の法』（幸福の科学出版刊）を発刊しましたので、『忍耐の法』に関して、さまざまな肉付けが必要であろうと考えていますが、今日は経営に関係する話を中心にしてみようと思います。

いわゆるアベノミクスが始まって一年余りになったわけですけれども、そうした背景も踏《ふ》まえての「景気予測アンド企業《きぎょう》の生き残り作戦」といったところでしょうか。

ただ、できれば、この法話が書籍《しょせき》化されても、安倍《あべ》総理には献本《けんぽん》してほしくありません(笑)(会場笑)。私の本のほうが「値打ち」はあるため、それを読まれるとなると、私自身、言うべきことが言えない場合があるかもしれないのです。そういう内容になるかと思います。

世間《せけん》の方々は、マスコミに書かれていることを指標として、経済の動向を判断しているのでしょうから、それで結構です。私の説法《せっぽう》を聴《き》いたり、本を読んだりする方は、マスコミには出ていない、別の「経済動向の読み方」を勉強し、差をつけるのが、基本的によいのではないでしょうか。

『忍耐の法』(幸福の科学出版)

そういう意味では、アベノミクスについて、お世辞抜《ぬ》きの評価を踏まえつつ、また、マクロの経済動向を見据《みす》えつつ、「企業として何を考え、どういう手を打ち、どういう作戦を立てていくべきか」ということを述べていきたいと思います。

なお、あまり多くの人が聴かず、あまり多くの人が読まないことを希望していますが（笑）、それは、そのほうが値打ちがあるからです。あまり多くの人に読まれてしまうと、残念ながら差別化がしにくくなりますので、適度なところで広がりが止まるあたりの話を狙《ねら》っていきたいと考えています。

アベノミクスに対する率直《そっちょく》な評価

まず、アベノミクスについて、総論としての感想を述べておきましょう。
もちろん、〝ここだけの話〟が通用しないのは分かっています（会場笑）。この法話は、全国の精舎《しょうじゃ》で上映されますから、それはありえないことでしょう。ただ、二重性、三重性が必要であることは重々承知《じゅうじゅうしょうち》の上で、〝ここだけの話〟になります。

一年余りのアベノミクスの成果ですが、私の判定では残念ながら五十点も出ていません。はっきり言えば、「成功はしなかった」ということです。「失敗した」と言えば、言い方が悪いかもしれませんが、「成功はしていない」というのが私の判定です。

つまり、もう一歩で成功するところだったわけです。たとえて言えば、ノックをしたら、もう少しで小屋のドアが開《ひら》いてヒツジさんが出てきたのに、オオカミが、自分から長い鼻や大きな口を見せてしまったような感じでしょうか。

あるいは、「おばあさんですよ」と言ったのに、オオカミの足が下からのぞいて、爪《つめ》が見えてしまったというようなものかもしれません。

すべり出しはよかったアベノミクス

確かに、「出だし」はよかったのです。

幸福の科学の教えにあるように、まずは、何事も「思い」から出発するので、ある程度、「こういう思いを持っている」とか、「こういう願いを持っている」とかいうのがあった上で、それを実現しようとする方向に世界は動いていきます。

その「思い」を成功させる方向で、人や物、情報など、いろいろな要素が協力するかたちで集まってくると、だんだんに実現していきますし、さらに、そのステージが上がるたびに精度を増すべくイノベーションをかけていけば、進んでいくわけです。

ただし、智慧《ちえ》の介在《かいざい》は、当然必要になるでしょう。

安倍政権については、その発足《ほっそく》時にあった「景気をよくしたい」「経済を回復して、『ジャパン・イズ・バック』としたい」という思いはよかったため、その思いに反応して、首相就任以前から株価の上昇《じょうしょう》が始まっていました。一年の成果としては、日経平均が、ここ数年では、最低で七千円

「思い」を成功させる方向で、

人や物、情報など、いろいろな要素が

協力するかたちで集まってくると、

だんだんに実現していきますし、

さらに、

そのステージが上がるたびに

精度を増すべく

イノベーションをかけていけば、

進んでいくわけです。

MANAGEMENT STRATEGY IN
THE AGE OF PERSEVERANCE

台ぐらいまで行ったところから、二〇一三年は、一万六千円台で終わったわけです。倍ぐらいの上がり方をしたことからすると、「思い」が当たった面があるのではないでしょうか。

週刊誌等では、「四万円ぐらいまで行く」というような記事も出ていましたし、企業系の感想としても、全体的に七、八割ぐらいは、「景気がよくなった」という話がマスコミに出てはいると思います。

2　株価上昇《じょうしょう》は「人工的なもの」

財務省と比べて考え方が変わってきた日銀

ただ、実態はよく見なければいけないでしょう。まだ、ムードの部分だけで止まっているところがあり、そうした掛《か》け声を何度か聞いているうちに、「景気がよくなった」と思っているのですが、残念ながら、期待できたのは去年（二〇一三年）の夏ぐらいまでです。消費税増税の導入を決めた秋のあたりから、「オオカミさんの白い足の正体がバレて爪《つめ》が見え、一《ひと》呑《の》みにできるような大きな口を開けたら牙《きば》が覗《のぞ》いた」というようなところがあります。

やはり、「本当の意味で、企業《きぎょう》の景気をよくして、日本経済を成長させ、日本自体の体力をつける。そうしたなかで、当然ながら税収も伴《ともな》ってくるのだ」という考え方を取るのか、「財政再建のほうが先で、とにかく政府を潰《つぶ》れないようにすることが大切なのだ」という考え方を取るのか。基本的に、こうした二通りの考え方が戦っているのです。

そして、官僚《かんりょう》を中心に、政府の側の考え方は、どちらかといえば後者です。当然、自分たちの給料にも関係することではあるので、「財政再建派」が長らく実権を握《にぎ》っているわけです。

これについては、財務省、日銀とも、そうだったものの、日銀のほうには、幸福の科学からも、だいぶ意見を言いましたし、外からの攻撃《こうげき》もあったため、〝財布《さいふ》の紐《ひも》〟を緩《ゆる》めてお金を出すようになりました。

要するに、いくら「ゼロ金利」を続けたところで、お金が出回っていないようでは使いようがないわけです。お金が市中に出回っていなければ、借りる人もいないし、使う人もいないでしょう。「金利がゼロなのに、なぜ、お金を借りて使わないのか」と言っても、出回っていないものは、使いようがありません。銀行と日銀との間、インターバンクが、ほとんどゼロ金利に近くなったとしても、その金が外に回らないのであれば意味がなく、市中に回り、企業に回り、人に回って初めて、景気としては加速するわけです。

やはり、お金が出ていなければ、出回ることはなく、いくらゼロ金利を続けても景気がよくなるわけではありません。次の段階として、お金を使ってもらうべき方法として通貨の供給量を増やすことが、一つあります。

通貨の供給量を増やしただけでは駄目《だめ》な理由

ただ、通貨の供給量を増やすのは、経済法則で言えば、昔の「セー●の法則」のようなものです。要するに、大して物が出回っていなかった時代、製造能力がそれほど高くなかった時代には、「つくったら売れる」という単純な経済法則が当てはまったわけです。それは、そうかもしれません。物不足の時代なら、物があれば売れます。つまり、つくったら売れるのです。誰《だれ》もが車を欲《ほ》しいのに、工場には十分につくる能力がないとしたら、つくれば売れるでしょう。

そういう時代は、「製造するということは、売れるということだ」とい

●セー　フランスの経済学者（1767～1832）。

うような「セーの法則」が通用していたことがあるのですが、そのレベルであるわけです。

日銀が、「ゼロ金利を続けても全然景気がよくならない」と言っても、これ以上、下げるとなれば、あとは「マイナス金利」しかありえないでしょうし、実質上、マイナス金利になった面もあるのかもしれません。

あとは、通貨の供給量を増やすしかないのですが、それもここまでです。この方法で企業が活発化し、経済が好転していくのなら、「セーの法則」とほとんど同じであって、「通貨さえ出せば景気がよくなり、バラ色の未来が開け、企業も国家も経済発展する」というのであれば、当然ながら、どこでもそうするはずです。しかし、実際のところ、これだけではよくなりません。

何がよくないかというと、株式の全体の平均は上がっているものの、基幹産業系が、それほど回復していないところが大きいと思うのです。例えば、銀行株なども、元のようには戻《もど》っていないわけです。

おそらく、今、平均株価が上がっているのは、お金が大量に出てきているにもかかわらず、使い途《みち》がないので、そのお金を押《お》しつけられた金融《きんゆう》機関あたりが企業の株を買っているか、あるいは、機関投資家等が買っているからでしょう。そのくらいのことです。本当に企業業績がよくなって株価が上がっているわけではないというところを、見落としてはいけません。

今の株価の上昇《じょうしょう》には実体が伴《ともな》っていない

企業業績がよくなって、企業に利益が出てきたり、あるいは売上が上がっていったりするような状況《じょうきょう》であれば、当然ながら株価は自然に上がります。しかし、そういう意味で上がっているのではなく、今は人工的に上がっているわけです。

要するに、お金を大量に出して〝ジャブジャブ〟にしたものの、投資先がありません。国債《こくさい》に投資しても、そろそろ怒《おこ》られるのでしょう。「これ以上、国債を買ってもらっても、パンクするので返せません」ということで、国債もそれほど買えないのであれば、あとは株でも買うしかないのです。決して、自由市場で株が買われて上がっているのではなく、そういう方針で誘導《ゆうどう》しているために、手持ちの資金のある人が、運用代わりにお金を扱《あつか》い、株を買っているだけであって、実体は伴《ともな》っていないと思われるのです。

実体を伴っていない場合、政府筋《すじ》としては、次には、二〇二〇年の東京オリンピックを目指して、〝疑似《ぎじ》バブル型経済〟を起こすぐらいしか考えつかないでしょう。

おそらく、「二〇二〇年までは、土地も値上がりするし、建物も建つし、公共工事も増えて、ゼネコンやマンション業者がよくなります。さらには、道路関連のもの、インフラ、集客施設《しせつ》等を含《ふく》めて、いろいろなものがよくなりますよ」というような信号を送り始めるはずです。

3　日本に残る「社会主義経済」

社会主義経済型の考え方ではうまくいかない

基本的に、アベノミクスの本質が、「民間主導」というか、「企業《きぎょう》をよくして、日本経済全体を引っ張っていき、好景気の上に財政再建を成り立たせる」というかたちのものであれば構わないのですが、もし、「政府主導で全部できる」と考えているとすれば、これは、一種の社会主義経済であって、アベノミクス自体が、中国経済と同じことをやっていることになります。

中国は、上海万博《シャンハイばんぱく》と北京《ペキン》オリンピックまでが好景気で、それからあと、バブル化が進み、今、空洞《くうどう》化してきつつありますが、日本は、それと同じことを後《おく》れてやるかたちになるということです。

このへんについては、まだ、経済官僚《かんりょう》たちも〝社会主義の信奉《しんぽう》者〟であることをやめていないところがありますので、残念ながら本格的なものであるとは思えないのです。

日銀から銀行にお金が流れ、一生懸命《いっしょうけんめい》に貸し出しして、「使え、使え」と言っても、銀行は民間にお金を出せるでしょうか。やはり、実際の運用先が、継続《けいぞく》的に成功するのであれば出せますが、政府の方針がどうなるか分からない状況《じょうきょう》のなかでは、危なそうな企業とか、つくったばかりの企業とかにボンボンとお金を出したりするほど気前のいいことはできません。いずれまた、バブル潰《つぶ》しや、資金回収が起きる可能性があるので、怖《こわ》いわけです。それで、国債《こくさい》を買うなり、指定銘柄《めいがら》の株を買うなりすることで、とりあえず資金を使っているように見せている段階なのです。

まだ、「新しい企業をつくって大きくしよう」とか、「小さなものを大きくしていって経済を引っ張っていこう」とか、そういう意味での主導的な地位を得てはいません。やはり、かつての「土地担保《たんぽ》型の融資《ゆうし》」以上の発明ができていないのです。

左翼《さよく》思想が強まれば、財政赤字は大きくなる

ただ、それもそのはずで、銀行だけが融資をして、特定の企業を成長させようとしても、そうはできない構造が、九〇年以降、出来上がっている

わけです。

要するに、社会主義経済であるソ連経済が潰れたにもかかわらず、日本では、政府系による経済支配が戻《もど》ってきて、日銀による「公定歩合《こうていぶあい》の引き上げ」と、当時の大蔵省銀行局による「不動産融資総量規制」との両方でバブル潰しをやられた不信感が、いまだに抜《ぬ》けません。

例えば、一銀行が、企業に融資して発展させようとしても、日銀や財務省が方針を変えたり、あるいは、内閣府や首相あたりが方針を出したりすることによってプチッと潰されたら、やはり信用できないでしょう。

特に、都市部は、まだまだ左翼《さよく》が強いところがあります。東京都を中心として発行される、左翼の代表である東京新聞を見ても、年初から、「東京電力は、海外で得た利益を、オランダに二百十億円ぐらい隠《かく》してプール

社会主義経済であるソ連経済が

潰《つぶ》れたにもかかわらず、

日本では、政府系による経済支配が戻《もど》ってきて、

日銀による「公定歩合《こうていぶあい》の引き上げ」と、

当時の大蔵省銀行局による

「不動産融資《ゆうし》総量規制」との両方で

バブル潰しをやられた不信感が、

いまだに抜《ぬ》けません。

MANAGEMENT STRATEGY IN
THE AGE OF PERSEVERANCE

していた」などという記事が出ています。

それは、まるで、「猪瀬《いのせ》知事が五千万円を懐《ふところ》に入れた」という話と似たような雰囲気《ふんいき》であり、「あれだけの惨事《さんじ》を起こしておきながら、まだ、黒字を隠しておったか」というような感じでした。おそらく、これは、「一回、素《す》っ裸《ぱだか》にしてぶっ潰さないと気が済まない」ということなのでしょう。

しかし、その結果は、どうなるでしょうか。実質上の公共事業でもある「電力産業」等をぶっ潰すということをすれば、結局、「税金の投入」になるわけです。つまり、完全民営化を導入するにしても、これは、どうしても必要なものなので、税金を投入しないかぎり、再始動はできません。そういう意味では、残念ながら、税金をさらに使って、国家の財政を悪くする方向に行くのです。

さらに今は、化石燃料の輸入が増えていますので、ドイツと同じく、基《き》礎《そ》的なエネルギーコストの上昇《じょうしょう》によって、工業生産や家庭生活にまで及《およ》ぶ経済の圧迫《あっぱく》は当然起きるでしょう。

つまり、左翼のほうが強く、言論的に押《お》し切れば押し切るほど、財政赤字が大きくなり、個人の家計が逼迫《ひっぱく》して、企業の利益も落ちてくることは明らかなのです。

アベノミクスが狂《くる》い始めた原因

さて、アベノミクスでやっていることの一番目は、「金融緩和《かんわ》」であり、それを「異次元緩和」などと呼んでいます。なぜ異次元なのかはよく分かりませんが、霊言《れいげん》で出ている内容だから「異次元」なのでしょうか（会場

左翼《さよく》のほうが強く、

言論的に押《お》し切れば押し切るほど、

財政赤字が大きくなり、

個人の家計が逼迫《ひっぱく》して、

企業《きぎょう》の利益も落ちてくることは

明らかなのです。

笑）。黒田《くろだ》さん（日銀総裁）が霊言を読まれて「異次元緩和」と言っているのかもしれません。

さらに、二番目は「財政出動」、三番目は「経済成長」であって成長産業のところです。それらを、「三本の矢」と言っているわけです。ただ、二番目の「財政出動」あたりから、少し狂《くる》いが出始めているのではないでしょうか。

やはり、そのへんには、昔の自民党の考え方が、そうとう残っていると思います。つまり、短期的な見方で、「不況《ふきょう》対策、景気対策として、一、二年だけ財政出動する」というような、年度会計における財政出動的な考え方です。

また、それに対して、「無駄金《むだがね》を使っている」という批判があります。

例えば、「東北の復興のために使われるべきだった予算が、全然違《ちが》う鹿児《かご》島《しま》県で使われている」などと、ほじくられると、とたんに萎縮《いしゅく》してくるところがあるわけです。

もし、本当に長期的な財政出動ができるのなら、社会主義は成功するでしょう。

また、短期的には、社会主義的な財政出動、要するに、役所主導の景気復興策は成功することはあります。戦時下や、戦後の復興期、あるいは、災害の直後など、短期であれば、復興させることが可能なのです。

ところが、長期的な、民間主導型の経済成長となると、ほとんど策がないのが現実であるため、このあたりから、少し危《あや》ぶまれるわけです。

もちろん、「国土強靭《きょうじん》化」ということも言っていますし、これは、鳩山《はとやま》

（由紀夫《ゆきお》元首相）さんの「コンクリートから人へ」という考え方の反対であって、「いくらでもコンクリートや鉄を使える」ような考え方と言えば、そのとおりではあるでしょう。

ただ、いずれにしても、社会主義経済的な発想、計画経済的な発想からは抜けられていないものがあると思います。

また、「国土強靱化のためであれば、何にでもお金が使える」ということになると目茶苦茶《めちゃくちゃ》になるでしょうから、実際には、なかなかそうはいきません。

むしろ、「財政赤字を減らす」という考え方とは合わなくなってくるはずですから、ここでも、掛《か》け声と現実とが両立せぬまま、目先の一、二年ぐらいしか見えないでいるわけです。

4　チグハグな安倍《あべ》政権の経済政策

結局、「消費税上げ」を決定した政府

結局、「消費税上げ」ということで、安倍《あべ》政権が始まって一年もたたないうちに、財政再建のほうを優先してきました。それは従来からの考え方であり、民主党政権のときにも、その前の自民党政権のときにも言われていたことではあります。財務省の力が強いために、そうした考え方が出てきたということでしょう。

もちろん、共産党だけではなく、消費税上げに反対する保守の勢力も、

あることはあります。当会などもそうですが、「景気そのものをよくしていかないかぎり、税収は増えない」という考え方です。

これは、少し前に言われた「上《あ》げ潮《しお》派」に近いかもしれません。景気そのものを上げないと税収は増えないため、それを冷え込《こ》ますようなことをしてはならないわけです。

なお、これについては、私のほうからは、まだ言い続けているものの、安倍内閣の〝参謀《さんぼう》〟であるイェール大学名誉《めいよ》教授・浜田宏一《はまだこういち》さんをはじめ、何人かの方々は、今では黙《だま》ってしまいました。

おそらく、この点について、もはや安倍さんは〝独裁者〟と化し、誰《だれ》の意見も聞かなくなっているので、「成功・失敗の責任は一人で取ってくれ」ということなのでしょう。安倍さんは、なぜ、彼らが消費税上げに反対しているのか、本当の意味が分かっていないのだろうと思います。

もちろん、〝学者先生〟が言われるような、「急激な増税は消費の停滞《ていたい》を招くので、毎年、一パーセント刻みで消費税を上げる」などという話は非現実的でしょう。それは、民間企業《きぎょう》にとって、事務コストが非常に上がるような煩雑《はんざつ》な仕組みですので、望ましいことではないと考えます。

毎年、一パーセントずつ税金の上がる分を計算し直していくなどというのは、たまったものではありません。これは非現実的ですから、妥協《だきょう》の産物として言ったことなのだと思います。

いずれにしても、消費税の税率は上げていくものの、今、「復興増税を打ち切る」とか、「企業に関する法人税等について短期的に減税をかける」とか言われています。一方、年収一千万円以上の世帯の所得税等の税額を上げつつ、低所得層、中所得層あたりの収入を上げて、消費は支えていくつもりなのでしょう。つまり、「お金を儲《もう》けているところは、税率に関係なく、消費は大して変わらない」という判断があって、そのようにしているのだと思います。

「消費税上げ」を言いつつ、「賃上げ」を要求する矛盾《むじゅん》

もう一つ、気になるところは、政府が、「消費税上げ」を言いながら、同時に、企業に対して、「給料を上げてくれ」と要求していることです。人件費に当たる給料のところを引き上げるようにお願いしているわけですが、これに対し、七割ぐらいの企業は戸惑《とまど》っています。

そんなことができるのであれば、国民が全員、国家公務員になっている

という状態でしょう。そうしたことは、国家公務員だったら可能です。なぜならば、国家公務員の給与《きゅうよ》は法令で決まるので、どのくらい引き上げるかも、それですべて決められるわけです。

しかし、民間のほうは決めることはできません。一年どころか、もっと短く、半年や三カ月ぐらいの間の、会社の売上動向や利益動向、あるいは、コストの増加等に影響《えいきょう》されます。

例えば、円安で輸入代金が上がるとか、電力コストが上がるとか、いろいろなものが上がれば、すぐに業績に反映してくるわけです。

したがって、給料を上げても構わないのですが、それは、例えば、「来年の計画としてあった工場への設備投資は見送る」というようなかたちになるでしょう。

結局、手持ちの内部留保《りゅうほ》を取り崩《くず》して、固定費といわれるものを均《なら》していくことになって、先行投資として取り組まなければいけない工場の建設だとか、今は利益が出ていないものに対して、人件費や研究費用、開発費用等をかけていくところが、止まり始めます。要するに、「給料を上げてくれ」と言っていますが、上げた場合、そちらのほうが止まり始めることになるのです。

お上《かみ》の考えとしては、「従業員の給料が上がって、手取りが増えれば、消費したくなるだろう」というわけですが、給料が上がっても、「素《す》ラーメンからチャーシューメンに変わるかどうか」というレベルの範囲《はんい》かもしれません。

例えば、大学の学生であれば、親からの送金が少し増えただけで、食べるものの質がよくなります。私が学生のころの大学生協や寮《りょう》には、Aランチ、Bランチ、Cランチ等、いろいろありましたが、生協の食堂でいちばん安いコープランチは二百三十円でした。また、駒場寮《こまば》の食堂では、いちばん安いA定食が百八十円で、B定食が二百円少々、C定食がさらにもう少し高かったわけです。

そのため、「二百三十円のほうに行くか、百八十円のほうに行くか」という選択肢《せんたくし》が、まず働くわけですが、資金に余裕《よゆう》があれば、生協の食堂のほうに行って、二百三十円のコープ定食を食べ、資金が枯渇《こかつ》してくると、寮のほうの食堂に移動して、寮生のように百八十円の定食を食べるわけです。

この程度の資金の流動性であれば、「手元資金が少し緩《ゆる》くなると移動が起き、消費が活発になる」ということは十分にありえるとは思います。

強制的に給料を上げたときに働く〝調整〟

ただ、もう少し大きな目で見た場合、首相が音頭《おんど》を取って、「給料を上げてくれ」と要求したら、どうでしょうか。それに応《こた》えられるような業界もあるでしょうし、それに応えないと、政府のほうからしっぺ返しが来るようなところ、要するに、政府からの援助《えんじょ》や補助金、あるいは大きな公共投資等によって紐《ひも》が付いているようなところは、表面上、給料を上げたようにしなくてはいけないので、応《おう》じてはくるでしょう。しかし、その分、別なところで、何かの削減《さくげん》が、必ず起きてくるはずであって、例えば、「給与は上げるけれども、社宅を建てる計画を取りやめにする」というようなことになるわけです。

やはり、企業には、実質的な資金の社外流出を抑《おさ》えようとする傾向《けいこう》が必ずあります。要するに、内部留保があれば、自分のところで社宅や寮などを建て、一般《いっぱん》のマンション等、ほかのところに社内のお金が出ないようにできます。「自分たちの社宅や寮に従業員を安く住めるようにして、給料を上げなくても生活が楽になるようにする」というのは、企業の普通《ふつう》のやり方なのです。

しかし、「給料を上げろ」というだけであれば、寮や社宅の計画や、新規の工場の計画を潰《つぶ》していったりするようなことが始まるでしょう。

つまり、二番目として、財政政策はあったけれども、短期的に、法人税や復興税などの税金を安くしてみせたところで、「人件費を増大しよう」

「給料を上げろ」というだけであれば、

寮《りょう》や社宅の計画や、

新規の工場の計画を

潰《つぶ》していったりするようなことが

始まるでしょう。

と言ったりすれば、長期的には必ず別のところで調整が働いてくるのです。

そうなると、残念ながら、そのものずばりの成長戦略にはなりえない可能性が高まってきているように思います。

もし、それが、そのまま通るのなら、現実には、ほとんど共産党や社民党などと変わらない状態になってくるでしょう。そうした左翼《さよく》政党の場合、「時間当たりの最低賃金を幾《いく》らにしろ」というような主張をよくしますし、最低賃金を上げたら生活は楽になると思うのでしょうが、企業のほうは、最低賃金を上げたら、できるだけ少ない人数で働かせるようにするわけです。

あるいは、「正社員の給料を上げろ」というなら、正社員ではない、アルバイトが増えることになりますし、「アルバイトの給料を上げろ」というなら、アルバイトの数を削《けず》り始めるでしょう。それが普通です。中国のように、「すべてが国家公務員である」という考えであれば、できないことはないかもしれませんが、やはり、安倍さんの言っていることのなかには無理があると思われます。

誰《だれ》もが今後は景気変動の備えに入る

したがって、「企業に圧力をかけて給料を上げさえすれば、消費が増える」などと考えているようでは、かなり甘《あま》いわけで、先行きが悪くなるかもしれないなかで給料が増えたとしても、その分、貯金に入るのが普通ではないかと思います。

要するに、誰《だれ》もが景気変動に備えるわけです。企業だけではなく、個人までもがミニ企業化して、景気の変動に備えるでしょう。今のところは、安倍さんが持ち上げているものの、いつ再び沈《しず》むか分かりませんし、政治の安定性、スタビリティが信用できないので、そのへんは警戒《けいかい》に入るはずです。

やはり、私個人としても、消費税上げが決まったあたりから、個人消費が冷え込み始めています。アベノミクスによって、実際に株価も上がっているし、景気がよくなるようなことも言われていますが、私のほうは、スーッと消費が減っていき、次に備え始めているのです。

おそらく、私の経済感覚は通常人より敏感《びんかん》だと思いますので、同じく、まともな経済人であれば、去年（二〇一三年）の秋ぐらいから、「そろそろ自分の貯蓄《ちょちく》のダムをつくっておかないと危険である」と感じ始めているのではないでしょうか。

円安で輸入代金がかさみ、電力料金が上がり、減税措置《そち》が一時的にあったにしても、自分たちの企業が永続的に上がっていくことは考えにくいはずです。

また、今は株も上がっていますけれども、株の崩壊《ほうかい》が起きたのは、ついこの前の、二〇〇〇年代後半の話ですから、みな、よく覚えているでしょう。にもかかわらず、すぐに株を買って投機に入り、また大損《おおぞん》するかもしれないことに手を出すとは思いがたいのです。

そうなると、政府の選択肢は絞《しぼ》られてきて、東京オリンピックを軸《じく》にした不動産事業や公共投資のところで、目に見えるようなものを行う以外に方法がないでしょう。

結局、マスコミから「安倍バブル型」と称《しょう》されるようなことをするしかなくなってくると思われます。おそらく、そうするでしょう。

また、その恩恵《おんけい》に与《あずか》る者も一部いるとは思いますが、恩恵に与らない者もいることは間違《まちが》いありません。

今年の正月の商戦《しょうせん》を見るかぎりは、百貨店でも高額品がかなり売れてはいますけれども、もちろん、これは消費税上げ前の駆《か》け込み需要《じゅよう》と思われる面がそうとうあります。決して、今後を保証しているものではなく、大きなところでも潰れて統廃合《とうはいごう》が起きていますので、十分に厳しいことは予想されます。

5　財政再建派は「天動説」

基幹産業の株価が上がらなければ景気回復は本物ではない

いったい、何が違《ちが》ったのでしょうか。

要するに、「財政再建派」というのは、基本的に〝天動説〟であって、「政府が国である」と思っているわけです。「政府が国であり、政府さえ安全であれば国は安全で、政府さえ儲《もう》かっていれば、国は儲かっている。政府が赤字なら、国は赤字だ」ということなのでしょう。これが天動説型の考えです。

「財政再建派」というのは、

基本的に〝天動説〟であって、

「政府が国である」と思っているわけです。

「政府が国であり、

政府さえ安全であれば国は安全で、

政府さえ儲《もう》かっていれば、国は儲かっている。

政府が赤字なら、国は赤字だ」

ということなのでしょう。

これが天動説型の考えです。

MANAGEMENT STRATEGY IN
THE AGE OF PERSEVERANCE

一方、「政府ではなく、その周りを回っているものが中心なのだ」とする〝地動説〟の考えがあります。つまり、〝地球〟は自転しているし、公転もしているということでしょう。

そのような「民間の景気が本当の意味で活発化してくることが、国富を生み、国の財政基盤《きばん》をよくするのだ」ということを理解できない種族が、どうしてもいるわけです。

例えば、鳩山《はとやま》さんがダムの建設を途中《とちゅう》で中止させ、その後、再開されたことがありましたけれども、その逆もあり、今度は「何でもいいから、とにかく物をつくれ」という感じで、ケインズ型の経済学を使わざるをえなくなってくる可能性は高いと思います。

それは、ひとえに財政再建の計画だけを立て、それに合わせて全部を動かそうとしているからだと思うのです。

今、人工的に好景気をつくろうとしているけれども、これができるなら社会主義経済は全部成功しているはずでしょう。したがって、私の読みとしては、「この財政政策は、短期間には効く場合があっても、長期的には効かない」というのが基本です。

もし、オリンピック用に、いろいろなものをつくったとしても、オリンピック以後は、当然ながら、たくさん潰《つぶ》れ始めるでしょう。そのあたりの不況《ふきょう》がまたやってくるということで、それ以外のところにも目を配らなければいけません。

具体的に言えば、銀行の収益がもっと上がり、銀行株式が上がってくるようでなければ、実際上、一般《いっぱん》企業《きぎょう》や個人への貸し出しが増え、彼らがそ

今、人工的に好景気を

つくろうとしているけれども、

これができるなら

社会主義経済は全部成功しているはずでしょう。

したがって、私の読みとしては、

「この財政政策は、

短期間には効く場合があっても、

長期的には効かない」

というのが基本です。

MANAGEMENT STRATEGY IN
THE AGE OF PERSEVERANCE

のお金を投資や消費に使っているとは思えないのです。

やはり、現実には、基幹産業のほうの株価が、あまり上がっていないということです。だから、残念ながら、今のところ、景気回復は、まだ本物とは言えないと思います。

また、今は、実質経済成長率で二パーセントぐらいを公約しているのでしょうが、達成できなかった場合、「衆参ダブル選」ともいわれている次の選挙を乗り切れないかもしれません。それで、消費税率を十パーセントに上げる時期を、その選挙後に延ばすような案も出てはいるようです。

いずれにしても、増税したのに政権が潰れていないことは非常に珍《めずら》しいことではあります。しかし、残念ながら、経済・財政政策的には、もう打つ手がほとんど見当たらず、だぶついた「円」を円借款《えんしゃっかん》風に貸してでも、海外で事業をやってもらおうと考え、首相が海外を一生懸命《いっしょうけんめい》に飛び回らなくてはいけない状況《じょうきょう》になっているのでしょう。

GDPの成長が二十年間止まった理由とは

ただ、ここにもう一つ問題があります。

昔は海外に工場をつくったとしても、素材レベルのものしかできなかったのです。例えば、鉄なら鉄、布の生地《きじ》なら布の生地をつくり、それを日本に輸入して、国内で鉄から車をつくったり、あるいは、布の生地から服をつくったりして、付加価値を付けました。そして、国内で売ると同時に、海外にも輸出するわけです。

そうすると、当然、輸入によってGDPは増えますが、国内に売ることでもGDPは増え、さらに、輸出によってもGDPが大きくなります。つまり、三角貿易ないし、内部も入れれば四角かもしれませんが、こういうことをしていたのでGDPは多かったのです。

なお、GDPの成長が二十年間止まった理由については、非常に述べにくくはあるものの、分かりやすくもあるので、あえて、ユニクロの例を挙げて説明すると次のようになります。

ユニクロが儲かった理由は、「当時、人件費が安かった中国に生産を完全に移し、中国で最終製品にまで仕上げてしまって、日本に輸入する」ということをしたところにあります。

要するに、原価をすごく低く抑《おさ》えることができるので、安売りなのに利《り》幅《はば》が大きいのです。千円や千数百円ぐらいで売っている超《ちょう》安売り商品であるにもかかわらず、実は利幅が大きいために、潰れることもなく、いろいろな店を、どんどん新規に出せていったわけです。

今、これに対して、中国の人件費が上がってきているためにリスクが出始め、「アジアのほかの国に工場をシフトしなくてはいけない」という状況が起きつつあります。

さらに、中国国内の政情問題により、「いつ、工場や店舗《てんぽ》が没収《ぼっしゅう》を受けるか分からない」という政治リスク、カントリーリスクも生じている状態です。

いずれにしても、海外で最終製品をつくられたら、それが、どの国でつくられようとも同じですが、「日本を通してどこかに売る」というかたちになるかどうかは分かりません。例えば、タイでつくったとしても、タイだけで消費された場合や、タイの近辺の国に輸出された場合には、タイの経済は発展するかもしれないのですが、日本には、まったく還元《かんげん》されないのです。

もちろん、日本人としても、現地に行っている監督《かんとく》者が、現地で給料をもらっているかもしれませんが、「日本のGDPの発展にはならない」ということが起きるわけです。

「価値の増大」がなければ、「GDPの増大」も起きない

つまり、日銀が出した多額の一万円札は、海外に資金供与《きょうよ》され、海外で工場をつくり、雇用《こよう》を生んで、GDPを生むけれども、その日銀から出たお金は、日本にリターンされない可能性が十分にあるということです。

それは、日本国内で付加価値を付けることができないからです。付加価値を付けて、さらに二倍、三倍になっていけば、全然違います。

例えば、鉄鉱石を鉄板に加工した場合、原価一万円ぐらいの鉄鉱石が、鉄板になれば十万円ぐらいの価値に変わり、十万円の鉄板をプレスして自動車の型枠《かたわく》に切り換《か》えたら、次は、百万円の自動車に変わるわけで、そうやって価値が増えていくのです。

こうした「価値の増大」がなければ、本当の意味で、経済の発展によるＧＤＰの増大はありません。

したがって、気をつけなくてはいけないのは、ここのところが理解できていない場合です。

このへんについては、私も商社マン時代に、三国間貿易等を担当していために、「どのようにＧＤＰを増やしているか」はよく知っていますし、日本のＧＤＰを増やすことにも貢献《こうけん》していました。

要するに、「直接、一国だけで行えばＧＤＰは増えないにもかかわらず、第三国を絡《から》ませて三角貿易をすると、取引額が三倍になるので、いくらでも売上を増やせる」というようなことが現実にあったのです。

もちろん、最終的に売上を増やすだけであれば、物の移動のみでも増やせますが、付加価値が付けば、それは意味のあることであり、値打ちのある仕事として大きくなってはいくわけです。

ただ、ここのところは、発展途上国が、だんだん先進国化してくる過程で、新たな付加価値を要しないものになっていくと、厳しいことにはなるでしょう。

6 「デフレからの脱却《だっきゃく》」はできない

日本がアメリカのような消費優先型社会にならない理由

しかし、日本社会が、アメリカのように、製造業を諦《あきら》め、第三次、第四次産業的なサービス産業系のほうに移動していけるかといえば、そうでもないでしょう。まだ、上層部にいる人たちの頭のなかは、戦後教育的な古さがあり、「物づくりで輸出立国をしている」ような気持ちでいるわけです。

輸出のシェアが、GDPの十パーセントぐらいにまで落ちていることを実感として分かっていません。

日本は、国内消費が六十パーセントぐらいの経済になってきており、すでに、かつてのアメリカのような経済構造に近づいてきているのですが、内部での消費が進みません。それは、メンタリティーにおいて、日本人とアメリカ人とが、かなり違《ちが》うからです。

アメリカ人は「消費優先型」であり、支払《しはら》いはあとからやってくるけれども、「とりあえず、カラーテレビが欲《ほ》しい」「とりあえず、車が欲しい」「とりあえず、家が欲しい」というように、先にお金を使って買ってしまいます。

そのため、二十年ぐらい前には、借り換《か》えを繰《く》り返し、カード破産をする人がたくさん出て、カードをシュレッダーにかけることが非常に流行《はや》っていました。

つまり、そういう消費社会を、さらに拡大しようとしたら、カードをシュレッダーにかけることを商売にするような人が出てこなければ、そうならないのです。

ただ、日本人は、基本的に消費を控《ひか》えて、「タンス預金」に回す傾向《けいこう》を持っているので、アメリカ型にはなりません。

要するに、「自分では処分できないカードを代わりにシュレッダーする請負人《うけおいにん》」が、ご飯《はん》を食べていけるような社会になるかどうかです。

みなさんは、自分のカードを自分で処分できないので、「あなたのカードを処分します」という請負人に頼《たの》み、カードをシュレッダーにかけてもらい、それにお金を払うことができるでしょうか。きっとできないでしょう。

これでは、ほとんど〝麻薬患者《まやくかんじゃ》〟であり、〝麻薬中毒〟にかかっている状態です。

そのように、お金もないのに物を買う習慣を国民に身につけさせ、「カード中毒」にした場合には、その消費経済をさらに拡大させることができますけれども、〝麻薬患者〟をつくらずに消費経済だけを拡大させることは無理なのです。

また、日本には、江戸《えど》時代以降、徳川家康《とくがわいえやす》以来の「勤倹《きんけん》・貯蓄《ちょちく》の精神」が残っています。徳川家康、あるいは二宮尊徳《にのみやそんとく》の思想が底流に流れており、アメリカにはない思想が一つあるため、同じようにはならないと思うのです。

政府主導型の経済成長に「限界」を見た私

おそらく、安倍《あべ》首相としては、正月にホテルで食事をしたり、品川《しながわ》プリンスシネマで「武士の献立《こんだて》」という映画を観《み》たりすることによって、消費を喚起《かんき》しようと率先垂範《そっせんすいはん》で動いているのでしょう。

首相は、「私が、品川プリンスシネマへ、夫人同伴《どうはん》で『武士の献立』を観に行ったら、みんなもそれを観るだろう。そして、『田舎《いなか》の藩《はん》では、こんなに豪勢《ごうせい》な料理をつくっていたのか』と思い、豪勢なものを食べたくなるだろうから、そちらに引っ張ろう」と考えて、頑張《がんば》っているとは思うのですが、その「武士の献立」を、私は観る気が起きません。

というのも、「あんな食事を、毎日、食べられるわけがない」と、広告を見ただけで分かるからです。あんなものを食べていたら、病院行きになります。

大名様《だいみょう》は、それで結構かもしれませんが、庶民《しょみん》があんな食事をしていると、病院行きになり、残りの人生は、うどんだけを食べていなければいけなくなります。毎日、あんな食事を出されたら、大変なことになるでしょう。

要するに、生活習慣病が、国民の医療《いりょう》保険費を吸い取り、財政赤字をつくっているなかにおいて、「武士の献立」風に消費を上げようとしても、残念ながら、また税金がかかります。実は、健康を害して、会社を休職になったり、入院したりして、さらにコストがかかるのです。

逆に、「入院してくれると、看護師の需要《じゅよう》が増えるから、ＧＤＰが増え

い
る」などと思うかもしれませんが、会社のほうの働き手がなくなれば、いずれ、（首を切るしぐさをしながら）こうなります。

また、ご主人が入院すると、働いている奥《おく》さんは働くことをやめて、看護につかなければいけないし、子供を私立の学校に入学させようと思ったけれども、公立に変えなければいけないなど、そういうことも起きてくるため、なかなか思うようにはいかないのです。

この点から、私には、「今の政府主導型の経済成長というものには、限界がある」という感じが見えました。

政府の「統計」はつくって見せることができる

実は、「統計」は幾《いく》らでも嘘《うそ》をつきます。どのようにつくっているかは分からないため、国民にとっては検証のしようがありません。

政府が、日本経済について、「何パーセント成長です」などと発表するので、そのように成長したことになっているけれども、その「からくり」がどうなっているかは分からないのです。

先日も、「三・八パーセントも成長した」と言いつつ、結局、「一・一パーセントになった」などと、あとで修正が入ったことがありました。

今の状態でいくと、日銀の黒田《くろだ》総裁の言う「二パーセント成長」を、かたち上はつくって見せるかもしれませんが、それは名目的なものになるでしょう。現実には、「一パーセント成長が限度ではないか。実際上、デフレからの脱却《だっきゃく》はできないのではないか」と思います。

要するに、「『短期的な駆《か》け込《こ》み需要』と『オリンピック』で〝イリュージョン（幻影《げんえい》）〟を起こし、景気が非常に活発になったように見せることはできるかもしれないが、本格的に、日本経済がグングン伸《の》びて、二倍になり、三倍になるような経済成長ではない」ということです。

7 「忍耐《にんたい》の時代の経営戦略」とは何か

生き残りをかけ、企業《きぎょう》・個人が考えるべきことは何か

したがって、この本を読んでいるみなさんは、ここで視点を変え、「政府主導型の考え方」を横に置いてください。つまり、「そちらのほうは、まったく諦《あきら》めて、『忍耐《にんたい》の時代の経営戦略』に入らないと危険だ」と、私は考えているわけです。

では、忍耐の時代の経営戦略とは何でしょうか。

それは、「あくまでも、一つの企業《きぎょう》として、自分たちの生き残りをかけ、

少しでも利益を上げ、売上を上げるにはどうするかを、各企業で考えること」ですし、社員一人ひとりにとってみたならば、「企業内起業家として、自分の部署等で、いかにして新規事業を立ち上げ、いかにして利益部門をつくり上げるかを考える個人にならなければいけない」ということになります。

そうであれば、給料が上がっても構いません。「企業が、自分の力で社業を発展させて売上が上がり、利益が上がり、それによって、社員の給料が上がること」は、別に、否定されることではないし、何も間違《まちが》っていないのです。

また、個人が社内起業家となり、新しいアイデアやヒット商品を出して、「黒字部門」「ドル箱部門」をつくることで、その部門の配当や給料、ボー

忍耐《にんたい》の時代の経営戦略①

「あくまでも、一つの企業《きぎょう》として、
自分たちの生き残りをかけ、
少しでも利益を上げ、
売上を上げるにはどうするかを、
各企業で考えること」です。

MANAGEMENT STRATEGY IN
THE AGE OF PERSEVERANCE

忍耐《にんたい》の時代の経営戦略②

社員一人ひとりにとってみたならば、

「企業《きぎょう》内起業家として、自分の部署等で、

いかにして新規事業を立ち上げ、

いかにして利益部門をつくり上げるかを

考える個人にならなければいけない」

ということになります。

MANAGEMENT STRATEGY IN
THE AGE OF PERSEVERANCE

ナスが上がるのはもちろんのこと、ほかの部門をも潤《うるお》すようなところまで行ったならば、それで給料が上がっても、全然、問題ありません。

これは、ハイエクが反対するような国家主導型の、「隷従《れいじゅう》への道」とは違うかたちだからです。

一人の研究によって会社全体が大きくなることも

例えば、少し古い話になりますが、徳島にある日亜《にちあ》化学工業で、「青色発光ダイオード」をつくった方がいました。その人は、徳島大学工学部の卒業生です。

この青色発光ダイオードの実用化に成功したことで、いわゆる、信号機の青い色を非常に安いコストで出せるようになり、それによって、会社に何千億円もの利益をもたらしたのですが、個人としては、ボーナスが二万円上がっただけでした。

発明者は中村修二《なかむらしゅうじ》という方ですが、その後、カリフォルニア大学に教授として呼ばれていったと記憶《きおく》しています。

彼は、海外の研究者たちから、「スレイブ(奴隷《どれい》)中村」と呼ばれ、「何千億円もの利益を会社に与《あた》えたのに、おまえは、ボーナスが二万円上がっただけなんて、いくら何でも、そんなことは信じられない。日本は、いったい、どうなっているんだ?」と言われたようです。

一方、会社としては、「会社の方針で、会社の研究費用を使い、チームとして発明したのだから、それは会社の利益であって、個人としての利益は二万円だ」ということなのでしょうが、数千億円 対 二万円では、あまりにもひどいでしょう。

そのように、「スレイブ中村」と言われて、少し悔《くや》しかったからかもしれませんが、彼は、東京地裁に提訴《ていそ》し、その後、東京高裁まで行ったと思います。

その東京地裁では、有名な判決が出ました。それを出した裁判官は、私の知り合いなのですが、「中村教授に二百億円を支払《しはら》え」という判決を下《くだ》したのです。会社のほうは、びっくり仰天《ぎょうてん》したでしょう。二万円と二百億円では、かなり違いがありますが、その判決は、つまり、「一千億円単位の利益が出て、みんなが潤ったのであり、本人には六百億円の貢献度《こうけんど》があるのだから、本人が要求した二百億円を払え」ということであり、知的財産権の問題でもあります。

これは、かなり画期的で、有名な判決になったのですが、徳島県の県民感情も許さず、「二百億円をもらうことは、庭を掘《ほ》ったら金銀財宝がザクザク出てきたようなことに相当するので、個人的には許されないのではないか。それは、少し行きすぎではないか」というような感じでした。アメリカへ行ったならば、「その判決は当然だ」と言われるでしょうが、日本人であれば、村八分《むらはちぶ》になって、もう二度と帰ってこられなくなってしまうかもしれません。

結局、東京高裁で和解になって、数億円程度のところで手を打ったようです。

少し脱線《だっせん》しましたが、このように、一人の研究によって会社全体が大きくなり、大会社になっていったならば、給料を上げてもよいと思います。

ちなみに、私の家内が学生時代に、就職活動の一環《いっかん》として、地元である徳島の会社を一つ受けることになり、先述の会社を選んだらしいのですが、「面接を受けるだけで、往復《おうふく》の『お車代《くるまだい》』ならぬ、『飛行機代』が出た」とのことなので、なかなか潤っている会社であることは間違いないようです。

今、求められる「小さな政府」の考え方

繰《く》り返しますが、やはり、企業や個人のほうに少しシフトをかけないといけません。

それが、日本を本当の意味で防衛することになるでしょうし、また、アベノミクスが成功したように見せるためには、むしろ、そうしたほうがよいと、私は思っています。

一方で、日銀には、ほかにやることはないでしょう。ただ、〝発狂《はっきょう》する人〟が出ないことを祈《いの》るのみであり、日銀職員には、「『忍耐の法』（前掲《ぜんけい》）を、しっかり読み続けて、しばらく粘《ねば》るように」と言い続けたいし、財務省の方には、「とにかく、何も思いつかないでいただきたい」ということを言い続けたいのです。

さらに、「左翼《さよく》マスコミの新聞の一面を読まないこと」や「左翼テレビのニュース番組のときにはスイッチを消しておくこと」が、GDPを伸《の》ばすいちばんよい方法になります。

それらを見てしまうと、原発を全部壊《こわ》してしまいたくなるのですが、壊したあとには、会社再建のために補償金《ほしょうきん》をたくさん払ったり、会社の人たちの失業対策費を出したり、何か別の新しいものをつくらなければいけなくなったりするのです。石炭や石油、天然ガスによる発電所など、いろいろなものを新しくつくらされる可能性もあるので、なるべく、そういうものを見ないほうがよいのではないかと思います。

とにかく、政府のほうにはあまり頼《たよ》らず、「小さな政府の考え方」を持っておいたほうがよいと思います。やはり、安倍《あべ》さんは、「大きな政府」の志向を持ってはいるようです。

ちなみに、アメリカには、共和党と民主党があり、民主党は、バラマキ型になりやすいのですが、共和党は、いちおう「小さな政府」を標榜《ひょうぼう》しています。共和党には、軍事的にもかなりタカ派が多く、タカ派の軍事的思考を持っていると、通常、「大きな政府」になりそうに思えるのですが、実際は、そうではありません。

「小さな政府」とは、要するに、「民間ではできないことは政府がやりますが、民間でやれることは民間に任せます」という考えなのです。

もちろん、軍事的なことや防衛的なこと、あるいは、消防のようなことなどは、民間では難しいでしょう。

例えば、「ワールドトレードセンターが崩壊《ほうかい》したときに、消防士が突《つ》っ込《こ》んでいく」というようなことは、リスクの多い仕事ですので、ある程度、公共機関のほうで面倒《めんどう》をみなければいけない面もあります。

ただし、「民間に任せられるものは民間に任せて、政府のほうの財政出動や補助金等は、できるだけ減らしていく」。これが、基本的な考え方であり、こちらのほうに持っていかないと、やはり、駄目《だめ》だろうと思うのです。

「政商《せいしょう》」で発展することの「リスク」とは

したがって、「会社の成長の種を内閣府から頂ける」などと考えるのは、基本的に間違っています。それは、政府と癒着《ゆちゃく》した企業以外にはありえません。政府が立てた計画どおりに行う事業があれば、それと連動して成長するとは思いますが、それは、「政商《せいしょう》」というものでしょう。昔から、そういうことで食べていこうとしている人は大勢いますし、今であれば、「楽天《らくてん》」の三木谷《みきたに》社長が、安倍首相の成長戦略に食いついて、「マーケットシェアを取ってやろう」と狙《ねら》っているのは、見え見えです。

現在、彼は、財界で、だんだん嫌《きら》われ始めていますが、それは、自分たちの会社の利益を国家戦略とリンクさせて、政商のようになろうとして、ほかのところと競争しているのが見え見えになっているからです。

その前は、民主党政権のころに、ソフトバンクの孫社長《そんしゃちょう》が、東北の震災《しんさい》があったあとで、「太陽光パネルを東北地方の太平洋沿岸に張り巡《めぐ》らす事業をやる」というようなことを言い出しました。それに対して、「政商だ」と批判が出たら、急にトーンダウンし、静かになってしまいましたが、現実には、無駄金を使わせるだけで、コスト効率は悪かったでしょう。

東北の天気は、一年の半分ぐらい曇《くも》りであり、冬場は全然日が射《さ》さず、雪も降っているのに、こんなところで太陽光発電など、無駄に決まっています。少し考えれば、だいたい分かることなのですが、やはり、政商というのは、そういうものを売り込んで、「金にさえなれば、あとはどうでもよい」という考え方をするわけです。

とにかく、非難を受けて引っ込みましたけれども、次は、三木谷社長が、〝パソコン好き〟の首相の懐《ふところ》に入り込んで、今、一生懸命《いっしょうけんめい》そそのかそうとしているようです。ただ、おそらく、また〝新たな敵〟が出てくることだろうと思います。

そうした、政商型で発展することには、やはり、リスクがかなりあり、失敗すれば、検察庁が動いて捕《つか》まえにくるのが、いつものパターンです。それだけで成長させようとしても、検察庁が、その成長を潰《つぶ》しにくる傾向《けいこう》があるので、危険だと思います。

したがって、「企業として健全に成長していく作戦」を採るほうがよいでしょう。これが、現時点での私の考えです。

8　「付加価値」を創造せよ

メガヒット、ロングヒットの落とし穴

それでは、企業《きぎょう》は、どうやって成長すべきなのでしょうか。これは、本書の本題に近い部分ですが、「どうやって成長戦略を練るか」ということです。

私などでもそうですが、こういう仕事をしていますと、やはり、よそ様の宣伝などを見て、「何か、よい手、うまい手があって、〝場外ホームラン〟をバーンと打ち、それによって、『左うちわ』で楽々とやれるとよい

な」と思うこともあります。

実際上、そういうものが出る場合もあるのでしょうが、残念ながら、それは、一生に一回であることが多いのです。

例えば、出版社などでも、「メガヒットを出したら、翌年《よくとし》、倒産《とうさん》する」などというのが、よくあるケースです。

「何かが、百万部、二百万部と売れ続けて、『うわあっ、すごいな。有名になったな』と思いきや、しばらくすると、会社が潰《つぶ》れていた」ということはよくあるのです。

やはり、基本的に、そういうかたちでは継続《けいぞく》性が足りません。

以前にも述べたことがありますが、それを継続させていくためには、「波状攻撃《はじょうこうげき》の理論」が大事です。小さな波が、次から次へと押《お》し寄せてくるように続いていくこと、ヒットがサイクル的に続いていくことが、基本的には重要なのです。

一方、「メガヒットで、ロングヒット」というものは、いちばんありがたい、効率のよい成功なのですが、もし万一《まんいつ》、偶然《ぐうぜん》の事故など、何かの事情で、全然売れなくなった場合には、会社存亡《そんぼう》の危機が来るわけです。

徳島県の例ばかり出して申し訳ないのですが、大塚《おおつか》製薬というところは、「オロナミンCドリンク」という商品が当たり、メガヒット系ロングヒットになっています。

破竹《はちく》の快進撃《かいしんげき》の巨人《きょじん》軍を広告に使ったことがうまく合ったこともあり、一九七〇年の大阪万博《おおさかばんぱく》のころには、みな、オロナミンCドリンクを飲んでいました（会場笑）。

当時は、熱射病になるような天候のなか、オロナミンCを一本飲みながら、一時間の行列に並んで立ち尽《つ》くすということができた時代ですが、それが、いまだに存在していること自体、奇跡《きせき》に近く、何らの事故にも遭《あ》わずに生き延びているのは、すごいことです。

宣伝についても、巨人軍の活躍《かつやく》とピッタリ合っていたし、日本の高度成長ともリンクした感じになりました。

あのような成功もよいと思うし、そうであったら、大企業ができるのですが、「何かの折《おり》に、不良品が見つかる」とか、「成分に含《ふく》まれている何かが悪い」とかいうことが出てきた場合、あっという間に潰れる可能性がないわけではありません。

したがって、そういう、よく売れているロングヒット商品は、いちばんありがたいのですが、「たまたま、結果的に、そうなってもよいけれども、そればかりを狙《ねら》うような企業にすると、危険度は高い」とは申し上げておきたいと思います。

勤勉に堅実《けんじつ》な努力を積み上げていく

残念ながら、「左うちわ」で暮らすことは難しく、やはり、基本的には、「勤勉にコツコツと堅実《けんじつ》な努力を積み上げていくという方針」を外してはならないでしょう。

かく言う私も、去年の末ぐらいには、「もう少し弟子《でし》が働いてくれたら、楽ができるのではないか」と〝妄想《もうそう》〟していましたが、やはり、考え直して、正月から仕事をすることにしました。

そういう、「机上《きじょう》の空論」を考えていること自体が倒産のもとであり、そんなことを言うぐらいならば、自分で働いたほうがましなのです。

また、「ゼロから新しいものをつくれ」と言っても、それほど簡単にできるものではありません。

つくったものを、上手に使うことに創造力を発揮するぐらいならできますが、何もないのに、「とにかく、何か考えろ」と、ポンッと投げられても、できるものではないのです。

やはり、今は、「基本的には、労働が大事である」と言わなければいけないでしょう。

幸福の科学の場合、私は法を説きますが、「それをどのように使って、どのように広げるか」を考えることや、各支部などで、それをお勧《すす》めしていったり、人を呼び込《こ》んだりするところは、職員のほうの仕事です。

一方、信者のほうであれば、私の法話《ほうわ》を聴《き》いて、「会社でそれをどう使うか。自分の仕事でどう使うか」と考えていくところに、やはり、信者であることのメリットがあるでしょう。そのように、「自分のものとして、どう使っていくか」について考え、工夫《くふう》するとよいのではないかと思います。

付加価値のつくり方①――異質なものを組み合わせる

繰《く》り返しますが、そうしたメガヒットが出ることもあるけれども、それが出たあとは、基本的に、寂《さび》れていくのが普通《ふつう》です。

ただ、私には、この三十年近い間、「一発当てて有名になり、成り上がろう」という気持ちは、あまりありませんでした。

私の著書が千五百冊以上も出ていることを見れば分かるように、これは、●ヘシオドスの『労働と日々』の時代と同じであり、二千年、三千年前でも、やはり、種をたくさんまかなければ、穀物はたくさん実らないものです。

つまり、「基本的に、仕事をやってなんぼだ」ということになります。

また、特に考えてほしいことは、先ほども述べたように、「付加価値をつくること」です。そうしなければいけません。

付加価値のつくり方としては、もちろん、何もないところから、まったく新しいものをつくり出す方法もありますけれども、すでにあるものを、さらに成長させるかたちでの付加価値のつくり方もあります。

「すでにあるものを転用して、ほかのことに使えないか」と考え、付加

●ヘシオドス　前700年頃に活躍した、古代ギリシャの叙事詩人。『神統記』と並ぶ主作品である『労働と日々』は、弟への戒めというかたちでつづられた教訓詩で、勤勉な労働が称えられ、怠惰と不正な裁判を非難している。

価値を出す場合や、「すでにあるものを、別のものと組み合わせることで付加価値を出す」ということもありえるわけです。

これに関して、一例を挙げてみましょう。私は、そんなにお酒が飲めるほうではありませんでしたが、学生時代には、ウイスキーなどを飲む友人もいたので、年末になると、「飲もうか」と誘《さそ》いがくることがありました。

その際、ウイスキーだけだと、そんなに量が飲めないため、ウイスキーをコカ・コーラで割って薄《うす》めたものを飲んでいたのです。それであれば、私や女性などでも、少しは飲めるわけです。

これは、異質なものを組み合わせることによって、新しい需要《じゅよう》をつくった簡単な例であり、創造の一つの方法でしょう。

まったくゼロのものからつくるのは大変ですが、「現にあるものを組み合わせて、少し違《ちが》ったものをつくること」は創造の一つであり、「結合による新創造」なのです。

付加価値のつくり方②――別の使い方を考える

あるいは、「本来とは違った使い方をする」という方法もあるでしょう。例えば、今、ミドリムシから「新しい燃料」をつくろうとしているようですけれども、このようなものは、先述したものとは全然別の発明方法です。

また、昔であれば、新潟《にいがた》などの田んぼや、田んぼの用水などで、鯉《こい》をずいぶん飼っていましたが、これも一つの発明だったと思います。

要するに、害虫が発生するときには、まずは、その幼虫が田んぼの水の

「現にあるものを組み合わせて、

少し違《ちが》ったものをつくること」は

創造の一つであり、

「結合による新創造」なのです。

MANAGEMENT STRATEGY IN
THE AGE OF PERSEVERANCE

なかに出てき始めるわけですが、そこに鯉を放しておくことで、そういうものを食べてくれるのです。

新潟は、鯉を飼って、大きくして出荷《しゅっか》することでも有名なところではありますが、鯉には、稲《いね》の害虫を食べさせたり、蚊《か》の幼虫であるボウフラを食べさせたりするという、別の使い方もあります。

旅館などでは、池をつくって鯉を飼っていますが、それには、池があるほうが風情《ふぜい》があってよいから、そうしている面もあるけれども、鯉を放しておくことで、ボウフラを食べてくれる面もあり、蚊がたくさん出て、お客さんが窓を開《あ》けられなくなるのを防ぐ効用もあるのです。

鯉の使い方には、安い値段で仕入れた小さな鯉を大きく成長させて出荷し、何十万、何百万の高値で売るというものもありますが、鯉を、「環境《かんきょう》美化」に使う場合もあります。このように、「組み合わせ」や「使い方」を変えて、新発明をしていく方法があるのです。

こういうことであれば、一般《いっぱん》社員でも、いろいろ考えつくことはあるのではないでしょうか。そのあたりを大事にしていただきたいと思います。

とにかく、今までにない価値を創造することです。「利用価値」でも、「発明価値」でも、「見た目の価値」でも、何でも構いません。そうした、何らかの付加価値をつくらなければいけないのです。

そのへんが、非常に大事なことだと思います。

9 「人を動かすもの」をつくり出せ

「付加価値」を生み出すものとは何か

昨年（二〇一三年）の十二月には、クリスマスイブに東京駅で男女が出会ったりするような映画（「すべては君に逢《あ》えたから」）が上映されていました。

アメリカ映画ならば、「めぐり逢えたら」に当たるような作品ですが、「東京駅を中心にして、いろいろなドラマが重なる」という内容です。

私も、映画をつくっており、製作者としては勉強しなければいけないいため、いちおう観《み》てきました。

その映画には、「東京駅の前にある大きなクリスマスツリーの下で逢う約束をしたけれども、逢えるか、逢えないか」というようなストーリーも出てくるため、当然、東京駅の宣伝にもなるわけです。

実際に、私は、「本当に、あのクリスマスツリーがあるのだろうか」と、関心が出てきて、歩いて東京駅まで行き、東京駅の周りをグルッと回って、五キロほど探検しました。

しかし、クリスマスツリーは、本来あるべき所になく、反対側の八重洲《やえす》口のほうまで回って探したら、増改築したお店の二階のテラスのところに、わが家にあるぐらいのツリーがあったのです。それを、「映画の記念」と称《しょう》して置いてありましたので、その前で写真を撮《と》って帰りました。

つまり、「人を動かすものは力である」ということです。

「人を動かして、何か関心を持たせたり、参加させたり、動かしたりするようなものがあれば、それが何か付加価値を生み出している」と見るべきでしょう。そういうことを考えていただきたいと思います。

「人の興味をそそって動き出させる。欲《ほ》しがらせる。何かをさせる。どこかへ行かせる」などということができれば、大したものです。そうしたことを考えてください。

「魅力《みりょく》を出して人を呼ぶ。人に行かせる。買わせる。欲しがらせる」というところのインセンティブ(誘因《ゆういん》)を考えつくことが、基本的には大事です。

私も、有楽町《ゆうらくちょう》で映画を観たあと、クリスマスツリーを見るために、東京

「魅力《みりょく》を出して人を呼ぶ。
人に行かせる。買わせる。欲《ほ》しがらせる」
というところのインセンティブ（誘因《ゆういん》）
を考えつくことが、
基本的には大事です。

MANAGEMENT STRATEGY IN
THE AGE OF PERSEVERANCE

駅まで行き、東京駅の周りを一周して帰ったため、五キロは歩かされているわけです。少し筋肉痛にはなったものの、運動になりましたが、このように、「人に見たくさせるようなものを、何かつくる」ということは、人を引っ張る誘因にはなるのです。

「幸福実現党でも、お正月に、着物を着た美女たちが並んで、写真を撮った」という話も聞きましたが、そういうことも、政党の評判になるのかもしれません。そのようなことは、いろいろあろうかと思います。

とにかく、今までにないものをつくり出さなければ駄目《だめ》なのです。何かをつくり出さなければ、人の気は惹《ひ》けないし、物が売れたり、サービスが必要とされたりすることはありません。これは、非常に大事な大事な「経済学の原理」ですので、知っていただきたいと思います。「何もないところに需要《じゅよう》は生まれたりはしない。何か、そういうものが要《い》るのだ」ということです。

大きなヒットが出なかったときの「発想の転換《てんかん》」

また、先ほど、「メガヒット、ロングヒットというものは、企業《きぎょう》を安定させる意味では、いちばんよい」と述べましたけれども、ある意味では、「そういうメガヒット、ロングヒットが出れば、その後、失業対策のような社員が、幾《いく》らでも食べていける」ということでもあるため、ありがたいことではあるのですが、もしかしたら、会社にとってよいことではないかもしれません。

同じものをつくるだけで、ずっと食べていけるならば、何の研究開発がなくてもやっていけますから、これでは、ある意味で、社員が駄目になるかもしれないのです。

一方、商品が一年しか売れなかった場合には、一年後のために、また新商品を開発しなければいけなくなります。

これは、悲しく、つらいことのようにも思いますが、毎年、毎年、新しい研究開発をし続けていれば、開発部門も腕《うで》が鈍《にぶ》りませんし、仕事が積み重なっていって、レベルが上がっていくはずです。

したがって、まず、「大きなヒットが出なかったとしても、そうした仕事が続けられることは、ありがたいことなのだ」という考え方を持つ必要があります。

研究開発における努力の積み重ねは「二宮尊徳《にのみやそんとく》的精神」

さらに、「コツコツと研究開発に取り組み、努力を積み重ねることによって成功の道を拓《ひら》いていくという考え方が、基本的には、『二宮尊徳《にのみやそんとく》的精神』であり、『資本主義の原理』でもある」と知っておいたほうがよいでしょう。

二宮尊徳という人は、十代のころに、伯父《おじ》さんの家に預けられたのですが、夜中に、灯油を焚《た》いて、本を読んでいたところ、伯父さんから怒《おこ》られてしまいます。

これは、普通《ふつう》であれば、ほめられることかもしれません。仕事が終わったあと、夜、勉強していたら、「よくやっているな」と言われるはずです

コツコツと研究開発に取り組み、

努力を積み重ねることによって

成功の道を拓《ひら》いていくという考え方が、

基本的には、「二宮尊徳《にのみやそんとく》的精神」であり、

「資本主義の原理」でもある。

MANAGEMENT STRATEGY IN
THE AGE OF PERSEVERANCE

し、受験生であれば、「こんなに遅《おそ》くまで本を読んでいて、朝、起きられるのか。すごいな」とほめられるべきところを、「灯油を使うなんて、もったいない」と怒られてしまったのです。

そこで、彼は、誰《だれ》の所有地でもない荒《あ》れ地を、自分の休みの時間や休みの日に開墾《かいこん》し、そこに、分けてもらった菜種《なたね》をまいて育てました。そして、菜の花の種を採って灯油に変え、それで本を読むようにしたのです。

しかし、それでも、まだ文句《もんく》を言われました。当時は、「夜に勉強する」などということは、金持ちの武士あたりがやりそうなことだったため、生意気に見えたのでしょう。そこで、光が漏《も》れないように注意しながら、本を読むこともあったようです。

このように、世の中には意地悪な人がいて、なかなか認めてくれないことがあります。

そのため、二宮尊徳は、とうとう、薪《たきぎ》を背負って道を歩きながら本を読むようになったわけです。

要するに、伯父さんの言い分は、「おまえの時間は、全部俺《おれ》のものだ。おまえだけの時間など、どこにもない。おまえにご飯《はん》を食べさせている以上、おまえの一日は俺のものだ」ということなのでしょう。そう言われたらしかたがないので、「薪を背負って運ぶ仕事をしながら本を読む」、あるいは、「米をつきながら本を読む」というやり方をするしかありません。

ただし、これは、「同時並行《へいこう》処理」の始まりではあります。

「同時並行処理《へいこうしょり》」をするときの注意点

私も、同時並行処理《へいこうしょり》をよくやっていますし、「会社の時間だから私的なことに使ってはいけない」というのであれば、最後は、そのようにするしかありません。

例えば、当会には月刊「ザ・リバティ」編集部がありますが、彼らは、記事を書くことが仕事であるため、本を読むことも仕事のうちに入ります。したがって、勤務時間中に本を読んでも怒られはしないでしょう。

ただ、「自分の趣味《しゅみ》だけで本を読んでおり、読んだ内容が、まったく記事に反映されない」ということであったら、「これは給料泥棒《どろぼう》ではないか」と、睨《にら》まれるのは当たり前です。

部下が、「これは、将来のため、十年後のためにに仕込《しこ》んでいるのです」と言っても、編集長なら、「本当ですか」と当然、訊《き》くべきでしょう。そして、「正月に勉強しているものならば、少なくとも、三月ぐらいに出る記事に反映されなければ認めがたい。『十年後に使えるかもしれない』という勉強は、教祖《きょうそ》にでもなる気でいるのなら構わないけれども、俺の部下として給料をもらっているうちは、やはり、できるだけ記事に使える本を読んでもらわないといけない。また、記事には使えないにしても、『何らかの参考になった』という実績があるぐらいでなければ困る」と言わなければいけません。

ちょうど、先ほど述べた二宮尊徳をいじめた伯父さんと同じような心境になるのが、上司ではあるのですが、無駄に〝遊ばせる〟わけにはいかないでしょう。やはり何らかの成果を出させるべきです。

また、当会では、霊言《れいげん》で呼び出した霊人《れいじん》に過去世《かこぜ》を必ず訊きますが、「日本史」と「世界史」の知識がないと、だんだん行き詰《づ》まってくるので、勉強しなければいけません。

ただ、歴史の勉強には時間がかかりますし、家で本を読みたくても、仕事が夜遅くまでかかって帰れないわけです。そこで、朝から晩まで歴史の本だけを読み、さらには、「図書館に行ったほうがよい」などと言い始めると、「図書館へ行っているけれども、給料が出ている」という状態になってしまうでしょう。そうなると、みな、「うーん。これは、何かおかしいな」という感じになってくるので、やはり、仕事になっているところを、何とかして見せないといけません。

要するに、単なる、夏休みの自由研究のようにはいかないところがあるわけです。

基本的に、「短期か長期かはあるけれども、何らかの生産物なり、何らかの成果なり、業績なりに、確実に結びつけていこう」というマインドは持っていなければいけないと思います。

だから、今すぐ使えるものも、将来使えるものも当然ありますけれども、何らかのかたちで「生産物」、あるいは、「業績」に結びつけていこうとする努力は持ったほうがよいでしょう。

基本的に、

「短期か長期かはあるけれども、

何らかの生産物なり、

何らかの成果なり、業績なりに、

確実に結びつけていこう」

というマインドは

持っていなければいけないと思います。

MANAGEMENT STRATEGY IN
THE AGE OF PERSEVERANCE

10　起業は「ニッチ」から入る

「停滞《ていたい》経済」が続く場合に採るべき戦略とは

さらに、「会社として採るべき戦略」が幾《いく》つかあると思います。ただ、はっきり言って、私には、今の段階で、「アベノミクスで高度成長が起きる」とは思えません。「デフレを脱却《だっきゃく》できるかどうか分からない」というすれすれのところであり、もし、「脱却宣言」が出ても、また元に戻《もど》る可能性は十分あるレベルだと見ています。

したがって、基本的には、「各企業《きぎょう》の努力が必要だ」と考えているのです。

そこで、「各企業の努力としてやるべきこと」を幾つか挙げましょう。

やはり、不況《ふきょう》ないし停滞《ていたい》経済が続いていく場合には、「何かをやれば、急に、うまく成功する」ということなど、ほとんどありません。

逆に、何をやっても成功する時代もあります。高度成長期であれば、例えば、家電なら、松下《まつした》（現パナソニック）だろうが、シャープだろうが、ソニーだろうが、どこがやっても成長する時期であり、そういうときには、すべてが当たるのです。

あるいは、コンビニだったら、どこでも成長するようなときもあるかもしれません。

ところが、一定の段階がきて高度成長が止まってくると、次は、品質やサービスなどで細かい戦いが起き、必ず、勝ち負けが出てくるようになるので、そのままでは済まなくなってきます。

「ウシオ電機」に見るニッチ戦略

低成長時代、不況ないし衰退《すいたい》の時期、あるいは、停滞の時期において、採るべき戦略の一つに、「ニッチ産業」というものがあります。

ほかの企業が手を出していないところ、少なくとも、大企業が手を出していないところに生き筋《すじ》を見つけていくという戦略です。こういう方法は、一つあると思います。

例えば、先日、テレビ東京系のＢＳジャパンの「私の履歴書《りれきしょ》」で、ウシオ電機の会長・牛尾治朗《うしおじろう》氏のシリーズをやっていました。

ところが、ウシオ電機について、うちの子供たちに訊《き》いても、誰《だれ》も知らないのです。

確かに、会社の看板を見ることはあまりないのですが、牛尾治朗氏自身は有名でしょう。財界でけっこう活躍《かつやく》しているし、歴代の政権とも関係があったことも追い風になり、有名な方ではあります。

ただ、この会社も、一種のニッチだったと思います。例えば、劇場用のライティングなど、ほかがあまりやらないようなところでシェアを取り、中堅《ちゅうけん》企業ではあるものの、世界企業のようなものを目指したらしいのです。

つまり、「その業界、その品種だけでは、それほど大企業にはならない」というか、「用途《ようと》が限られているので、ユーザーが、それほど数多く増えるわけではない」というものであっても、「それに関しては、世界的にシエアが取れる」というものを目指したら、それは一種のニッチだと思うのです。

そのやり方では、パナソニックやソニーのような有名な会社にはなりませんが、「一定のシェアを取り、一千何百億円ぐらいの売上をあげている。中堅だけれども、それについては世界的にシェアを取っている」という会社はできます。そのようにして、経営としては安定したものをつくることができるのです。

確かに、それほど大きくはならないため、この会長は、一生懸命《いっしょうけんめい》に、財界活動をしたり、プラスアルファとして政治にかかわったりして、趣味《しゅみ》を兼《か》ねてPR等をしているようなところもあります。

このように、「ほかがあまり手を出していないところで、一定の占有率《せんゆうりつ》

（シェア）を取ってしまう」という戦い方は、一つあると思うのです。

ニッチ戦略だった「家庭への清掃員派遣業《せいそういんはけん》」や「警備会社」

こうしたやり方は、考えれば、まだまだあるだろうと思います。

通常、ニッチというのは考えやすく、中小企業の場合や、新しく起業する場合に狙《ねら》う、一つの道ではあるでしょう。

つまり、何か、企業を起こすときに、「大企業が入っていないけれども、こういうニーズはある。これをやれば、仕事が発生する」というところに入っていくわけです。

例えば、今であれば、普通《ふつう》かもしれませんが、昔であれば、家へ来て掃《そう》除《じ》してくれる人などを派遣《はけん》する企業は存在しませんでした。各家庭で、必ず掃除はしていたからです。

しかし、今は、そういう派遣業も発生するし、あるいは、すでに大企業になっていますが、警備会社的なものも、それができたときには、やはりニッチだったと思います。

普通なら、警官が警備をすべきでしょうが、交番はあっても「空《あ》き交番」が多く、警察官は増えない状態です。ただし、日本は銃《じゅう》社会ではないので、ピストルを持っていなくても、格闘技《かくとうぎ》をやっていて、棒術《ぼうじゅつ》ぐらいできれば、警備ができないわけではありません。いちおう体格がよくて、運動選手のような人だったら、警備ぐらいはできるので、民間の警備会社がつくれるのです。

もちろん、最初は、けっこう苦労しただろうとは思います。

あるいは、今は大企業になっていますが、ヤマト運輸の「宅急便」も、宅配事業に参入するときには大反対が起きているはずです。

そうした事業をやるためには、全国に集配所がなければできませんが、そのためには、ものすごい設備投資が先行します。したがって、おおかたの意見は、「無理だ」というものだったのです。

しかし、私も、宅配便ができる前の時代を知っていますが、現実には、「郵便局の配達は遅《おそ》い」ということを感じていました。手紙でもハガキでも、とにかく届くのが遅いのです。速達で出したときだけは、翌日に届くことが多かったのですが、普通郵便で出した場合、休日や土日が入ると、だいたいすぐには届かないことが多く、何日もかかりました。

あるいは、東京都内から同じ都内に出しても、地方に出しても、着くのが変わらないぐらいのときもよくあったのです。

それを、「二十四時間以内に届ける」等の約束をして配達していれば、その時点では、けっこうニッチだったでしょう。

しかし、郵便局はそうしたサービスを行わなかったため、宅配便はシェアを取っていきました。

また、各家庭を回るのは、自分の会社だけではできないかもしれませんが、そういうことのできる業種があるかどうかというと、当時は米屋などがそうでした。

スーパーでお米を買っても、重い袋《ふくろ》を持って運ぶのが大変で、なかなか持って帰れなかったので、米屋が家庭に配達していたのです。

そうした米屋は、今ではコンビニにかなり代わっているでしょう。しかし、当時は、米屋や酒屋と提携《ていけい》して宅配の部分を引き受けてもらえば、設備投資はそれほどしなくても、サービスができると考えて、（宅配業者が）入ってきたわけです。

そのように、大企業になった会社でも、やはり基本的にはニッチから入ってきているのです。

したがって、新しく起業する場合や、今はまだ零細《れいさい》企業の場合は、まずは、そうしたことを考えてください。「まだ隙《すき》のあるところ、つまり、需《じゅ》要《よう》はあるものの、それほど大して儲《もう》かるとは思っていないために、みなが入っていないところから入る」というのが、基本的には、起業のスタイルだろうと思います。

こうした「ニッチ産業」という戦略が一つあります。

「まだ隙《すき》のあるところ、

つまり、需要《じゅよう》はあるものの、

それほど大して儲《もう》かるとは思っていないために、

みなが入っていないところから入る」というのが、

基本的には、

起業のスタイルだろうと思います。

MANAGEMENT STRATEGY IN
THE AGE OF PERSEVERANCE

11 「レッド・オーシャン戦略」対「ブルー・オーシャン戦略」

「レッド・オーシャン戦略」の戦い方

また、「レッド・オーシャン戦略」対「ブルー・オーシャン戦略」という考え方があります。

「レッド・オーシャン」というのは、はっきり言えば、「血の海」です。それは、業界での競争が熾烈《しれつ》になっていて、「一方が勝てば、もう一方は必ず負ける」という状況《じょうきょう》です。

例えば、「ここで買わなくても、あそこで買えばいい」というようなこ

「レッド・オーシャン」というのは、

はっきり言えば、「血の海」です。

それは、

業界での競争が熾烈《しれつ》になっていて、

「一方が勝てば、もう一方は必ず負ける」

という状況《じょうきょう》です。

とでしょう。スーパー同士がそうですし、あるいは、八百屋《やおや》が二軒《けん》、三軒並ぶとなったら、どれかが勝てば、どれかが負けるようになります。それは、魚屋でも電器屋でも同じでしょう。

こうした競争から守られるためには、昔の薬事法のように、「新たな薬局を開設する場合、五百メートル以上離《はな》れていなければいけない」という法令で規制してもらうことです。そうすれば潰《つぶ》れずに済みますが、薬局が隣《となり》に二軒、三軒と並んだら、どこかが潰れ始めるでしょう。一般《いっぱん》には、売れるものの場合、他の参入がどんどん増えていくのです。

例えば、熱海《あたみ》の温泉旅館が、今は経営が黒字で非常に安定しているので、ずっといけると思っていても、突如《とつじょ》、川向こうの景観のよい所に、関係のない大きな資本が二十階建てのホテルを建てたとしたら、その老舗《しにせ》旅館には、突如の危機が来るわけです。

あるいは、客室の稼働《かどう》率が八十パーセントを超《こ》えていて、十分に黒字でやっていけると安心していた老舗ホテルであったとしても、突如、近場にオーシャンフロントの、海まで眺《なが》められるホテルができたとしたら、これまた、突如の危機でしょうけれども、こんなことが起きないわけではないのです。

このように、ある程度のシェアがあるような業界では、一般には、お互《たが》いの血を流すような戦いが繰《く》り広げられており、これを、「レッド・オーシャン戦略」といいます。厳しい競争戦略ですが、「『食うか食われるか。斬《き》るか斬られるか』の戦いをして、それで勝つ」という方法です。そうした、「相手よりも強い戦い方をして、勝つ」というやり方があるわけです。

「品質」や「労働時間」におけるレッド・オーシャン戦略

もちろん、「品質の勝負」「サービスの勝負」等によって、勝つべくして勝つ戦い方も、当然あります。

例えば、「味がいい」とか、「素材がいい」とかいうところで、勝つべくして勝つ戦い方もあるのですが、その場合、相手はたいてい〝死に〟ます。つまり、ライバルを潰すかたちの勝ち方になるのです。

かつて、ダイエーのようなスーパーが出たときにも、いろいろな店が潰れたはずですが、レッド・オーシャン戦略には、ある程度、覇道《はどう》的な面があるでしょう。ただ、大きくなった企業《きぎょう》のなかには、そういうものも多かったと思います。

また、このレッド・オーシャン戦略には、サービスや品質の戦い以外に、「労働時間」等での戦いがあります。

これは、ランチェスター法則の〝日本版〟や〝地方版〟をつくっている、竹田陽一《たけだよういち》という人の意見ですが、ランチェスター法則を応用し、「田舎《いなか》企業、二流企業が勝つにはどうしたらよいか」ということについて、「とにかく、一日十二時間働け」と言っています。「同じ仕事をしているのなら、よそが八時間働いているところを、十二時間働けば、内容の質はともかくも、競争には勝てる」ということです。

そのように、ランチェスター法則の変化形として、「時間戦略」で相手に勝つ方法を教えている人もいます。

いずれにしても、基本的に、レッド・オーシャン戦略を自然体で実行すると、そのようになることが多いでしょう。

理髪《りはつ》業界に見る「ブルー・オーシャン戦略」の戦い方

これに対抗《たいこう》するものとして、近年、言われているのが、「ブルー・オーシャン戦略」です。これは、青海原《あおうなばら》を意味し、どこまで行っても青い海原が広がっている世界です。

要するに、「ライバルがいない世界で戦う」「ほかにライバルがいなければ、いくらでも広げられる」という戦い方でしょう。

この例として挙げられているものが、意外なことに、理髪《りはつ》業界にあります。

普通《ふつう》の理髪店では、散髪に、だいたい一時間ぐらいかかるのが普通です

「ブルー・オーシャン戦略」は、

要するに、

「ライバルがいない世界で戦う」

「ほかにライバルがいなければ、

いくらでも広げられる」

という戦い方でしょう。

MANAGEMENT STRATEGY IN
THE AGE OF PERSEVERANCE

し、料金の高いところでは、何時間もかかることがあります。例えば、赤坂《あかさか》のホテル等に入っているお店の場合、三時間半ぐらいかけて散髪をしてくれるので、一日に二人ぐらいしか客が回らないのです。三人やると時間が少しオーバーしてしまうので、二人しか客を取らないわけです。そこは、政治家などがよく利用していたようで、私も以前は利用していたこともあるのですが、何せ時間が長いので、くたびれることはくたびれるのです。

もちろん、テレビをつけてくれたり、爪《つめ》を磨《みが》いてくれたり、切ってくれたり、足を揉《も》んでくれたり、いろいろなサービスがたくさん入ってくるのですが、速くはありません。三時間半もかかるようなサービスをやっており、値段も当時としては高く、三万五千円ぐらいしていましたが、そういうところもあるのです。

これは「高付加価値型」でしょう。「普通、一時間のところを、三時間以上かけて行い、最後にはコーヒーまでついてくる」というようなサービスをすることで、ほかの店が何千円かでやっていることに対して、十倍ぐらいの値段を取っていたわけです。

その反対に、「十分間で散髪してしまう」というサービスがあります。

これは、忙《いそが》しい現代人にとって非常に役に立つものでしょう。そこでは、十分間で理髪を終えるのですが、切って下に落とした髪の毛を掃《は》いて集めていると作業時間がかかり、回転率が落ちてもったいないので、切った髪を真空のチューブみたいなもので吸い取りながら刈《か》ったりもしているのです。

そのように、十分で散髪してくれるのであれば、忙しいサラリーマンでも利用できるでしょう。「トイレに行った」と言っても分からないぐらいの時間ですから、それはそれでけっこう流行《はや》っています。

これはブルー・オーシャン戦略です。値段も安いですが、「十分間で散髪してしまう」というのは、「ブルー・オーシャン」であり、敵がいないので、けっこう広がっているところがあります。

このように、「ライバルがいない市場で戦う」という戦い方もあるわけです。

幸福の科学の「霊言集《れいげんしゅう》」はブルー・オーシャン戦略

幸福の科学も霊言集《れいげんしゅう》などを出していますが、これも、ある意味では、ブルー・オーシャン戦略なのかもしれません。こうした本を、これほど出せるところがほかにないので、出しまくっています（注。霊言集は、二〇〇九年末から二〇〇冊以上を発刊している）。

先日、「『大川総裁の読書力』（幸福の科学出版刊）出版記念パーティー」に、渡部《わたなべ》昇一《しょういち》先生がわざわざ来てくださり、そのスピーチで、「この霊言集というものをどんどん出して、世界に類《るい》のない、一つのジャンルをつくり、大成してほしい」ということを言ってくださったようです。

これは、ある意味でのブルー・オーシャン戦略のことを言っているのでしょう。ほかに、競合するものがそれほど出てくるのでなけれ

『大川総裁の読書力』
（幸福の科学出版）

ば、シェアをざあっと押《お》さえてしまった場合、もはや敵のいない大海原、青海原をつくれてしまうわけです。要するに、「類似品《るいじ》が数多く出回る前に、シェアを押さえてしまう」ということです。

実際には、「霊が降りてきてしゃべる」というようなものはあるし、広告は打てなくても、本を出しているところもないわけではないのです。しかし、当会のように、有名な人の霊言がどんどん出てくるようなところはありません。そういう本（霊言集）はそれほど出せるものではないからです。そのため、一つのところで信用が固まると、ほかのところは、そんなに簡単には信用は取れなくなります。

そういうわけで、これは、「ある意味でのブルー・オーシャン戦略をやっているのかもしれない」ということに思い至りました。

そうであれば、幸福の科学出版の社長に、「あなたの売り方は悪い。もっと売りなさい」などと言うのは、少し酷《こく》かもしれません。「今、大海原に小舟《こぶね》をたくさん浮《う》かべて、埋《う》め尽《つ》くそうとしている。とにかく、当会の〝軍団の舟〟しかないようにしようとしている」というのなら、それはそれで、一つのシェア取りの作戦でしょう。

とにかく、当会の本で書店のコーナーを埋め尽くしてしまえば、ほかのものが出てこられないということはあるわけです。

当会の「霊言集《れいげんしゅう》」に対抗《たいこう》できないワールドメイト

ちなみに、このへんに対抗《たいこう》してか、一年ほど前に宗教法人格を取ったらしい「ワールドメイト」という団体が、書籍《しょせき》広告を出しています。そこの教祖《きょうそ》（深見東州《ふかみとうしゅう》）は、霊言集《れいげんしゅう》が出せない代わりに、自分が変装した広告を出しているのです。

例えば、夏目漱石《なつめそうせき》ではなく、「夏目そうしき」などと言って〝変身〟したり、いろいろな人のまねをしたりした写真を出して、広告を打っています。

どうやら、あれはいちおう当会と競争しているつもりでいるらしいのですが、傍目《はため》には、どう見ても、奇人《きじん》変人にしか見えません。「残念ながら、これはマイナス広告ではないか」と私は見ているのですが、予備校をやっている人なので、あのように変装して予備校生の前に出たら、喜ばれたりすることもあるのでしょう。

とにかく、あまりにもおかしくて、笑うに笑えないのですが、いちおう競争しているつもりなのだろうとは思います。

当会は一九八六年に東京の西荻窪《にしおぎくぼ》で旗揚《はたあ》げしたのですが、向こうも同じ地で、その一年前の八五年に団体をつくっており、本も出していました。そうした本は、いまだに売ってはいます。

また、「大川隆法というのは、わしのまねばかりしている」と、社員に言うのが口癖《くちぐせ》だったという人でもあります。

この人は、自分の事務所の机を斧《おの》で叩《たた》き割ったりして暴《あば》れまくり、従業員から通報されて警察の厄介《やっかい》になったということで信用がなく、宗教法人格を取れないうちに、オウム事件が起きてしまいました。

そのため、東京都が許可にものすごく慎重《しんちょう》になったこともあり、当会に二十年以上後《おく》れることになりました。当会よりも一年早く始めたにもかかわらず、ちょっとしたすれ違《ちが》いで、残念ながら、二十年以上後れてしまったわけです。

当初は、私のほうが「まねをしている」と言われていたのですが、そのように二十年以上ずれました。そして、今は、外国の元大統領や元首相などの偉《えら》い人を呼んで、〝サミット〟のようなものをやったように見せたくて、お金を出しながらＰＲに励《はげ》んでいます。

そのあたりは、このブルー・オーシャン戦略に入り込《こ》めなくて、あがいているのではないでしょうか。

当会でも、過去世《かこぜ》の認定などをやっていますが、向こうは、予備校の先生ですから、過去世を〝当てる〟のは簡単なようです。

彼は、「世界史の参考書をパッと開いて、目についた人を過去世にしたらいいんだ」などと言っています。確かに、「そういう方法もあるのかな」とは思いますし、そういうやり方であれば、過去世は、無限に出てくるでしょう。そういうところも、競争をかけているつもりなのかもしれません。

そのように、霊言集は、ある意味でのブルー・オーシャン戦略です。「幸福の科学であれば、そういう偉い人が霊言しに出てきて当然だ」と言われるようになれば、「われも、われも」と出たい人が現れてきます。そうなると、当会が、一種の〝品質鑑定《かんてい》〟を行う格付け機関のような感じになってきている面もあると思います。

12 「マイクロヒット戦略」

「マイクロヒット戦略」の戦い方

もう一つの戦略は、メガヒットもロングヒットも狙《ねら》わない作戦です。これは、「ブルー・オーシャン戦略」に少し似てはいますが、「マイクロヒット戦略」というものです。

「マイクロ」というのは、「小さい」という意味ですが、「小さなヒットを重ねていく」ということになるでしょう。

これは、イチロー選手の霊言《れいげん》にも書かれていますが（『天才打者イチロー 4000本ヒットの秘密』〔幸福の科学出版刊〕参照）、「とにかく一塁《いちるい》に出る」「とにかく、バットに球を当てて、ゴロさえ打てれば、一塁を取れる」という作戦です。

彼は、足が速いだけでなく、左打者でもあるわけですが、もし、右打者であれば、一塁でアウトになることも多いのではないでしょうか。しかし、彼は、左打席で打っており、足が速いために、一塁でセーフになるのです。

おそらく、右打者であれば、打率はもっと下がっているはずですから、足でセーフにしているのでしょう。

なお、一塁に出れば、盗塁《とうるい》で二塁を取れるので、得点圏《けん》に入りますし、そこで、誰《だれ》かが

『天才打者イチロー 4000本ヒットの秘密』
（幸福の科学出版）

打ってくれれば、ホームベースが踏《ふ》めるわけです。

そのように、「小さくても、単打を重ねていく。小さなヒットを重ねていく」という作戦が、このマイクロヒット戦略なのです。

人には、「大きなものを打ちたい」「大成功してみたい」という焦《あせ》りや、「人をあっと驚《おどろ》かせてみたい」という気持ちがありましょうが、このマイクロヒットというのは、要するに、「当然、取れるもの」なのです。

そう大きくは望まずに、当然、取れるものや、絶対に売れるもの、要するに、「採算ラインを必ず超《こ》える」と思われるものであれば、単打を重ね、成功の連鎖《れんさ》をつくっていくという作戦です。

これは『忍耐《にんたい》の法』（前掲《ぜんけい》）そのものに関係するものになりますが、このやり方であれば、ある程度、成功を続けることができるわけです。

「小さくても、単打を重ねていく。
小さなヒットを重ねていく」という作戦が、
マイクロヒット戦略なのです。
要するに、「採算ラインを必ず超《こ》える」
と思われるものであれば、
単打を重ね、成功の連鎖《れんさ》をつくっていく
という作戦です。

例えば、私たちも、内部から見れば、「大した成功はしていない。これだけ頑張《がんば》っているのに、大して認められていない」と思ってはいますが、外部から見れば、ものすごく長くヒットを打ち続けているように見えているのかもしれません。

「ティッピング・ポイント」を超《こ》えたAKB48

また、秋元康《あきもとやすし》氏の守護霊《しゅごれい》の霊言集も出しましたが（『AKB48ヒットの秘密』〔幸福の科学出版刊〕参照）、私たちからすれば、「彼は、すごいヒットを出している。AKBなどを流行《はや》らせて、すごいなあ」と思うものです。ところが、あちらの立場に立てば、すなわち、秋元康氏に言わせれば、「AKBのために、いったい何百曲つくったか、分かっているのか。私は、何百もの歌詞を書き、歌をつくって、ずっとやっているんだ」という感じでしょう。

結局、彼の強さは、〝秋元ブランド〟といわれる、一種のブランドになっているところにあります。要するに、いきなりヒットしなくても、潰《つぶ》れないところが強さなのです。

彼は、ＡＫＢを売り出すに当たっても、最初は秋葉原《あきはばら》で、「生《なま》で見ることができますよ」「いろいろな人のなかから、『私は、この人のファン』というように、自分なりに、ごひいきのアイドルを選べますよ」というようなことでやっていました。

「直《じか》に見ることができる」ということであれば、マーケット的には、す

『ＡＫＢ 48 ヒットの秘密』
（幸福の科学出版）

ごく小さいものです。これは、寄席《よせ》や落語《らくご》の乗りでしょう。実際に二十人ぐらいしか客がいないわけですから、寄席や落語と同じ乗りだと思います。

古典落語もそうですが、こうしたものは、定番が決まっていて、筋書きも全部知っているのに、みな、同じ話を聞きに行っているわけです。つまり、定番がうまかったかどうかというあたりと、一種のコウスティング（気晴らし）というか、楽しみの時間をつくれるということで行っているので、普通《ふつう》は大きくなるものではありません。

しかし、そのスタイルをとりながら、「一発で当てよう」と思うのではなく、五年ぐらいかけてやっていき、何百曲も歌わせていくうちに、どこかで、ティッピング・ポイント（転換点《てんかんてん》）、要するに、「爆発的《ばくはつ》に、人気が跳《は》ね上がるポイント」「爆発的に売れ始めるとき」が必ず来ます。

そうなると、急に、日本一、売れ始めたり、大勢の人に知られるようになったりするわけです。

ただ、そこまで行くには、一定の時間、もたなくてはならないので、それを支える資金力が要《い》ります。

ＡＫＢは、メンバーが、しょっちゅう入れ替《か》わったり、分かれたりしていますので、正確に、四十八人いるわけではないだろうと思いますが、そうした何十人ものメンバーと、そのお世話をしている人たちによる、いわば劇団のようなものでしょう。

そのため、大して売れなくても、それをキープし続け、売れなくても大《だい》丈夫《じょうぶ》でいられるだけの資金力が、実は必要になるのですが、彼は、今まで数多くのヒットを飛ばしてきたことにより、それだけの信用力と資金力を持っているわけです。

また、五年ぐらいかけても、その間にヒットが出れば、急にパーッと売れるということが分かっているのでしょう。

つまり、そのような、マイクロヒット、小さなヒットを重ねているうちに、それがどこかでティッピング・ポイントを超えて、勢いよくブレイクするのを知っていて、そのチャンスを待っているのです。

そして、AKBがブレイクすれば、名古屋《なごや》市にSKEや、難波《なんば》にNMBができて、私も、紅白歌合戦で観《み》ましたが、とにかくたくさんいます。

あるいは、海外の上海《シャンハイ》にSNHがありますし、九州にも似たグループ（HKT）があって、そこにAKBのメンバーが移籍《いせき》するなど、いろいろとグレードがあるようです。

要するに、例えば、ＡＫＢが東京の〝アキバ〟で成功したならば、その〝類似品〟についても同様で、最初はヒットしなくても、やり続けていけばよいのです。そうすれば、ＡＫＢ48が〝紅白〟に出たときに、名古屋のＳＫＥ48も難波のＮＭＢ48も〝紅白〟に出られるようになって、三グループも出たりするようになることがあるわけです。

秋元康《あきもとやすし》氏の老獪《ろうかい》な「マイクロヒット戦略」

一年数カ月前には、前田敦子《まえだあつこ》が抜《ぬ》けたため、「これは、もう潰れるかもしれない」と思いましたが、そのときは、まだ大島優子《おおしまゆうこ》が頑張《がんば》っていました。ところが、今度は、その大島優子が、〝紅白〟の舞台《ぶたい》で突如《とつじょ》、「卒業します」と言ったのです。

おそらく経営危機が訪《おとず》れるでしょうが、秋元《あきもと》氏には資金力があるので、その間に残存勢力のなかから、次のスターをつくり上げることができれば潰れないでしょう。出てこなければ、潰れることもありえますが、もしかしたら、「この人が抜けることで潰れるかもしれない」と、みなに思わせることが作戦なのかもしれません。

そう思わせることで、「次のリーダーは誰だ?」と、必死に探させるのが実は目的であり、「国民に、次のAKBのリーダーを、国民投票風に選ばせ、さらに育てさせて、四番バッターに仕上げる」という、実に老獪《ろうかい》な作戦なのかもしれないのです。

つまり、「自分が選んだ人をスターにするのではなく、みんなに選ばせる。そのトップスターが抜けたあと、『誰が埋《う》めるか』を心配させて、一《いっ》緒《しょ》に経営参加させ、次のリーダーをつくらせていく」という作戦である可能性は、極《きわ》めて高いのではないでしょうか。

また、NHKのドラマ「あまちゃん」では、AKB48のようなアイドルグループが題材になっており、岩手から出てきた娘《むすめ》が、「GMT47」という、AKBに似た、へんてこりんなグループで芸能活動をする話がありました。そのドラマには、秋元氏に似た、眼鏡《めがね》をかけた〝変なおじさん〟が出てきて、プロデューサーをしていましたが、秋元氏は、そこまでマーケットを広げているのです。

彼のように、一定の信用力と資金力がついてくると、最初は寄席や漫才《まんざい》レベルで、「アイドルを身近で見ることができますよ」と言って、本当に小さなヒットで構わないように見せておきながら、そうした単打を続けているうちに、だんだんに知られてくるようになってきます。そして、ヒットが出てくるようになると、今度は、自分が売り出すだけではなく、ほかの人を参加させて、もっと大きく売り出そうとしていくわけです。

さらに、〝類似品〟もつくっていき、マーケットを大きくしていくようなこともしています。

これが、「マイクロヒット戦略」というものですし、当会も、今、巨大《きょだい》なヒットは出ていないかもしれないけれども、実を言うと、小さなヒットを打ち続けているわけです。

アイドルグループ嵐《あらし》のコンサートは「メガヒット戦略」

一方、巨大なヒットというのは、例えば、東京ドームで、毎回行事を行うようなことです。これは、マイクロヒットではなくて、メガヒット、あるいは、ビッグヒットでしょう。

しかし、東京ドームというのは、歌手であれば、〝さよならコンサート〟などをやるようなところであって、だいたい仕上げの場所です。昔なら、日本武道館か両国《りょうごく》国技館で〝卒業式〟だったのですが、今は、東京ドームでやる人もいれば、国立競技場でやる人もいます。

ただ、国立競技場は、アイドルグループの「嵐《あらし》」のテリトリーですから、ほかの人では、なかなかやらせてはもらえないかもしれません。

ともかく、そのあたりのメガヒットまで行くと、そのあとも続けるのは、そう簡単なことではないでしょう。

ただ、次の東京オリンピック（二〇二〇年夏季オリンピック）のときには、「国立競技場も天井《てんじょう》がドームになって、八万人ぐらい入る」ということですので、私も好奇心《こうきしん》がうずいてはいます。東京ドームを超《こ》えて、八万人を前に、屋根の下で講演ができるわけです。

そもそも、国立競技場が使えない理由は、やはり雨風が怖《こわ》いためであり、なかなか会場を取ることができません。夜になって、雨にでも降られたら、たまったものではなく、〝全滅《ぜんめつ》〟です。

そのリスクをどうしても負いかねるので、東京ドームのようなところではできるものの、〝青空球場〟では危険度が高くてできないのです。

「嵐」などは、雨のなかでもワイヤーを使って飛びながら歌います。その点で、若い人は偉《えら》いとは思いますが、あの人たちも平均年齢《ねんれい》がもう三十歳《さい》に達していますので、そろそろ危ないかもしれません。ＳＭＡＰ《スマップ》の次に、危なくなってきているのではないでしょうか。

さすがに、私も、八万人の人が来てくれるとはいえ、ワイヤーで吊《つ》られて、舞台の端《はし》から端まで講演しながら飛んでいきたいとは思いません。生命保険を幾《いく》らかけても、とても足りませんので、そうは思わないのですが、いずれにしても、いろいろな人がさまざまな作戦を研究しているわけです。

〝龍《りゅう》〟に乗って登場した「北島三郎《きたじまさぶろう》」と「大川隆法」

ちなみに、去年（二〇一三年）の〝紅白〟を観《み》たところ、五十回出場し、今回で卒業するという北島三郎《きたじまさぶろう》が、最後に龍《りゅう》に乗って出てきました。あれは、当会のまねでしょう（笑）。

当会では、一九九四年に東京ドームで、私が龍に乗って、エル・カンターレ祭の講演を行いました（『永遠の挑戦《ちょうせん》』〔幸福の科学出版刊〕参照）。あの龍は、実はクレーン車だったのですが、外を張りぼてで覆《おお》い、龍の頭をつけ、その上に安定的な囲《かこ》いをつくって乗せたわけです。

私は、北島三郎の龍が横に揺《ゆ》れるかどうかに注目していたのですが、彼も高齢で、落ちると大けがをするため、やはり、龍は、横には揺れず、縦の動きだけしかしませんでした。それを見て、私は、「やはりそうか」と思ったのです。もし、龍が横に揺れたら、彼は落ちるかもしれないし、彼が転げ落ちたら、もうそれで〝終わり〟になるでしょう。

私も、東京ドームのときには、いちおうの恐怖《きょうふ》心は覚えました。私の乗ったクレーン車は、首を振《ふ》るわ、上げたり下げたりするわで、私の身体能力から見ると、極《きわ》めて危険な動きをしたのです。

ただ、あのころ、私は、テニスをやって、体をそうとう鍛《きた》えてはいました。プロを相手にテニスの練習を年に百五十回もしていたのです。

そのため、「五メートルぐらいのところからなら、落ちてもヒラリと立てる」という自信はありました。そのくらいの身体能力は、いちおう、身につけた上で、クレーン車に乗って講演をしたのです。その意味で、龍の頭に乗るのは、実は、そう簡単なことではありません。

ともかく、私は、〝紅白〟の北島三郎の龍を見て、「お！　当会のまねをしたな。ＮＨＫは、どこで情報を取ったのだろう。当会のビデオを観たのだろうか。それとも、業者から聞いたのだろうか」などと思ったのです。

ところが、龍の高さもそれほどではなく、横の動きもなかったので、「やはり、ＮＨＫホールは二千人しか入らないだけのことはある。大したことはないな」と感じました。ソフトとしては、当会のほうが、はるか二十年も先行していたわけです。

「マイクロヒット」から「ブレイクチャンス」を狙《ねら》え

そのように、当会もメガヒットを飛ばしていたときがあるのです。

ただ、そういうものは、人気があるときはできても、ずっとは続きません。したがって、基本的には、マイクロヒット、小さなヒットを重ねながら、一定の時間を耐《た》え、資金力がもてば、その間にブレイクチャンスを狙《ねら》っていくのがよいと思います。

やはり、ブレイクするまでの間には、ある程度の数を打たなければ、ブレイクはしないでしょう。

基本的には、マイクロヒット、

小さなヒットを重ねながら、

一定の時間を耐《た》え、

資金力がもてば、

その間にブレイクチャンスを

狙《ねら》っていくのがよいと思います。

前述した秋元氏にしても、何百曲もつくらなければブレイクまでは行きません。しかし、「ヒットメーカー」という名目がついているため、どこかで必ずブレイクすることになっているわけです。

ただ、秋元氏の歌詞程度のものなら、はっきり言って、私はいくらでも書けます。本当に簡単です。内容的には、実にくだらないものなので、〝紅白〟で字幕を出すにしても、当会の歌のほうがよほどレベルは上でしょう。歌詞も曲もレベルは上なのです。

しかし、レベルは上ですが、「レベルが上だと、聞く人が少なくなり、レベルが低くなると、大衆布教《ふきょう》ができるようになる」ということかもしれません。

そのように、「小さなヒットを重ねていき、いつの間にか、ティッピング・ポイントを超えて、大きくブレイクする。あるいは、マーケットを広げていく」という作戦が、一つにはあるわけです。

13　「マイクロヒット」と「ブルー・オーシャン」の合体

書籍《しょせき》・映画で「マイクロヒット」を重ねる幸福の科学

当会も、基本的には、今述べたようなマイクロヒット戦略、および、ブルー・オーシャン戦略を採っています。

ブルー・オーシャン戦略については、ライバルが出たときには、レッド・オーシャンになる場合も当然ありますが、今のところ、創価学会《そうかがっかい》も、ほかのところも、まねはできていません。

新年の三日には、黒住教《くろずみきょう》が、何を思いついたのか、新聞に「黒住教の二百年。」という全面広告をカラーで打っていましたが、秘書等に訊《き》いても、「この広告は、何を訴《うった》えているのかさっぱり分かりません」と言っていました。確かに、あれは、黒住教が存在していることをＰＲはしていましたが、「それで、どうしたらいいのか」ということが、さっぱり分からないものでした。

「お参りに来い」と言っているわけでもないし、「○○の本を買え」と言っているわけでもなく、「講演会をやる」と言っているわけでもありません。ただ「立教二百年を迎《むか》えました」という広告を打ったわけです。おそらく、まだお金があることを示しているのだとは思いますが、そういうことをやっていました。これは、創価学会が選挙の前に必ずやることではあります。

いずれにしても、本年、私たちとしては、そう大きなヒットを狙《ねら》うのではなく、とりあえず付加価値のあるものや、新しい価値を創造しつつ、マイクロヒット、小さなヒットを重ねていくことが大切です。

そして、どこかでティッピング・ポイント、すなわち、限度を超《こ》えて、もう黙《だま》っていられなくなる、あるいは、もう認めざるをえなくなるレベルに達し、堰《せき》を切らせる作戦を採りたいと思います。

もし堰を切れなかったとしても、マイクロヒットが続いている間は、客観的には成功が続いているようには見えるでしょう。

ある意味で、私は、マスコミ等があまり評判にしてくれないために、二十何年間も、隠《かく》れたベストセラー作家として続いているわけですし、あまり批評を書いてくれないために、映画も、機嫌《きげん》よく、八作つくることができているわけです（注。一九九四年以来、大川隆法製作総指揮の全国公開の映画を八作品製作している）。

もし、手厳しい批評をたくさん書かれたら、もう、やる気をなくして、映画をつくれなくなるのですが、「無視しよう」と思われているために、かえって自由につくれるところがあって、そこそこのヒットですけれども、やり続けていられるのです。

そうしているうちに、宮崎駿《みやざきはやお》さんも引退なされたので、次は、もしかしたら、当会の映画が、どこかでティッピング・ポイントを超えて、〝行《い》ってしまう〟かもしれない地点に立っています。

今、日本アニメとして、海外の映画祭に出せるところは、二カ所ぐらいしかなくなってきていますので、いつの間にか、その時期が迫《せま》ってきてはいるのです。その意味で、（ＡＫＢ48に対しての）ＮＭＢ48ぐらいまでは行っている可能性がないわけではありません。

粘《ねば》り強い「小さなヒット」が「ブルー・オーシャン」を拓《ひら》く

そういうわけで、『忍耐《にんたい》の法』の年としては、小さなヒットを一本打つだけではなく、やはり、粘《ねば》り強く打ち続けることが大事です。そして、イチローのように、世界記録を目指して、四千本以上のヒットを打っていくことが大事だと思います。

例えば、食品業界、食材の業界等でも、いろいろと商品を出してはいますが、ヒット率は二十六パーセントだそうですから、イチローの通算ヒット率である三十三パーセントと比べた場合、イチローのほうが勝っているわけです。

ともかく、食品業界等では、商品を出して当たる確率は、そのくらいらしく、二割から三割の世界であるので、三割ぐらいであれば、よいのかもしれません。

とりあえず、そういうマイクロヒットを積み重ねていって、ブレイクポイントを待つ作戦でよいのではないかと思います。

また、それが、ブルー・オーシャン戦略とも合体することはあります。当会も、「あそこは、豪華客船《ごうかきゃくせん》をつくればいいのに、小舟《こぶね》ばかりつくって、たくさん出しているな」「もう、手漕《てこ》ぎ舟ばかりを、毎週、発射しているらしい」と思われているかもしれません。しかし、手漕ぎ舟であっても、「気がつけば、大海原《おおうなばら》に何百艘《そう》もいた」ということであれば、シェアを取っているのと同じです。

そのように、「マイクロヒット戦略」が「ブルー・オーシャン戦略」と一体化すると、非常に強く、一定の占有率《せんゆうりつ》を取ってしまうことが可能だと思います。

例えば、「有名人が、自分の過去世《かこぜ》を知りたがる」というようなことがあった場合、当会のほうから出ていって、「あなたの過去世はこうだ」と言ったとしても、当会の信用度がすごく高まっていれば、それは流通するものになるでしょう。

ところが、ほかのところの霊能者《れいのうしゃ》が、「うちの霊査《れいさ》では××だ」というように、勝手にいろいろ言ったとしても、信用はしてくれないと思われます。そうなれば、その差ははっきりと出るのではないでしょうか。

「マイクロヒット戦略」が

「ブルー・オーシャン戦略」と一体化すると、

非常に強く、

一定の占有率《せんゆうりつ》を取ってしまうことが

可能だと思います。

その意味では、一定の範囲《はんい》かもしれないとしても、「占有率を取ってしまう」ということは、大事なことであると考えます。

以上、「忍耐の時代の経営戦略」について述べました。何らかの参考になれば幸いです。

あとがき

本書で私が一貫して説いたのは、バブル型の成功や投機型の成功を願わず、コツコツとしたヒットを打ち続けよ、ということである。また「経済成長の原動力は付加価値の創造である」ということである。

小さなヒットを軽視せず、それを累積することによって、数年後にはティッピング・ポイント（量が質に変わる転換点）がくることを信じることだ。

この「マイクロヒット戦略」で消費増税不況を乗り切れ。さらに「ブルー・オーシャン戦略」で、一人勝ちの世界を切り拓け。「忍耐の時代」にも、必ずや必勝の経営戦略はあるのだ。

二〇一四年　三月二十六日

幸福《こうふく》の科学《かがく》グループ創始者兼総裁《そうししゃけんそうさい》　大川隆法《おおかわりゅうほう》

『忍耐の時代の経営戦略』大川隆法著作参考文献

『忍耐の法』（幸福の科学出版刊）
『永遠の挑戦』（同右）
『大川総裁の読書力』（同右）
『天才打者イチロー　４０００本ヒットの秘密』（同右）
『ＡＫＢ48　ヒットの秘密』（同右）

忍耐《にんたい》の時代《じだい》の経営戦略《けいえいせんりゃく》
——企業の命運を握る3つの成長戦略——

2014年4月24日　初版第1刷

著　者　　大《おお》川《かわ》隆《りゅう》法《ほう》

発行所　幸福の科学出版株式会社
〒107-0052 東京都港区赤坂2丁目10番14号
TEL(03)5573-7700
http://www.irhpress.co.jp/

印刷・製本　株式会社サンニチ印刷

落丁・乱丁本はおとりかえいたします

ISBN978-4-86395-453-3 C0030

大川隆法 **経営シリーズ**

10,000円

逆転の経営術

豪華装丁 函入り

守護霊インタビュー ジャック・ウェルチ、カルロス・ゴーン、ビル・ゲイツ

会社再建の秘訣から、逆境の乗りこえ方、そして無限の富を創りだす方法まで――。世界のトップ経営者3人の守護霊が経営術の真髄を語る。

10,000円

智慧の経営

不況を乗り越える 常勝企業のつくり方

豪華装丁 函入り

会社の置かれた状況や段階に合わせた、キメ細かな経営のヒント。集中戦略／撤退戦略／クレーム処理／危機管理／実証精神／合理精神／顧客ニーズ把握／マーケット・セグメンテーション――不況でも伸びる組織には、この8つの智慧がある。

※表示価格は本体価格（税別）です。

未来創造のマネジメント

事業の限界を突破する法

豪華装丁
函入り

変転する経済のなかで、成長し続ける企業とは、経営者とは。経営判断、人材養成、イノベーション——戦後最大級の組織をつくりあげた著者による、現在進行形の経営論。

9,800円

社長学入門

常勝経営を目指して

豪華装丁
函入り

まだまだ先の見えない不安定な時代が続くなか、経営者はいかにあるべきか。組織を成長させ続け、勝機を見出していくためのマネジメントの17のポイント、そして、トップたるものの心構えを指南。

9,800円

経営入門

人材論から事業繁栄まで

豪華装丁
函入り

経営規模に応じた経営の組み立て方など、強い組織をつくるための「経営の急所」を伝授！　本書を実践し、使い込むほどに、「経営の実力」が高まっていく。経営の入門書であり、極意書。

9,800円

創造性の秘密に迫る

公開霊言
スティーブ・ジョブズ
衝撃の復活

英語霊言
日本語訳付き

世界を変えたければ、シンプルであれ。そしてクレイジーであれ。その創造性によって世界を変えたジョブズ氏が、霊界からスペシャル・メッセージ。

2,700円

ウォルト・ディズニー
「感動を与える魔法」の秘密

世界の人々から愛される「夢と魔法の国」ディズニーランド。そのイマジネーションとクリエーションの秘密が、創業者自身によって語られる。

1,500円

井深大「ソニーの心」

日本復活の条件

流行なんか追うな。世の中にないものを創れ！
ソニー神話を打ち立てた創業者が、天上界から日本の製造業にアドバイス。日本企業よ。もう一度、夢を描こう！

1,400円

※表示価格は本体価格（税別）です。

発展する企業をつくる

稲盛和夫守護霊が語る 仏法と経営の厳しさについて

心ある経営者たちへ贈る、経営フィロソフィ。仏教の視点から見た経営の真髄とは？　経営の視点から見た日本の問題とは？　稀代の経営者の守護霊が、日本経済に辛口アドバイス！

1,400円

松下幸之助の未来経済リーディング

消費税増税と日本経済

消費税をアップしても税収は上がらない!?　これから、日本企業の倒産ラッシュがはじまる!?　どうなる？　増税後の日本経済。

1,400円

ダイエー創業者 中内㓛・衝撃の警告

日本と世界の景気はこう読め

「消費税増税」「脱原発」「中国リスク」――　先の見えない乱気流時代をどう生き抜くべきか？　10年後に生き残る企業はどこか？

1,400円

未来産業のつくり方

公開霊言 豊田佐吉・盛田昭夫

トヨタ、ソニーの創始者が、企業の目指すべき未来像をさし示す！　トヨタグループの祖・豊田佐吉とソニーの創始者・盛田昭夫より、日本人を勇気づける珠玉のアドバイス集。

1,400円

幸福の科学出版

成功の王道を歩む

あなたには、未来を創りだす力がある。

創造の法

常識を破壊し、新時代を拓く

個性を磨こう！　クリエイティブに生きよう！

過去の成功にしがみついていても、未来は拓けない。人生と社会の閉塞感は、新しい価値を創造して打ち砕け！

1,800円

圧倒的な光に満ちた成功論

成功の法

真のエリートを目指して

成功するための生活の秘訣から、ビジネス成功法まで。成功を夢見る人のみならず、浪人、失恋、失業、大病、家庭崩壊、人間関係の失敗、老いで悩む人を励まし、導いてくれる書。

1,800円

驚くほど前向きになれる！

Think Big！

未来を拓く挑戦者たちへ

「大きく考えよう！」の精神が、若者のみならず、日本と、そして世界を輝かせる。「思い」は必ず実現する。その「思いの力」を使いこなすための秘訣、ヒント、アイデアが詰まった一冊。

1,500円

※表示価格は本体価格（税別）です。

研修のご案内

経典付き
法話研修

〈伊勢丹流
「できる営業マン7つの条件」〉

伊勢丹の驚くべき“営業遺伝子”。
この遺伝子を入れれば、ビジネス・経営がもう一段強くなる！

〈全国の精舎にて開催〉

『理想のナンバー２の条件』（参謀成功編）
―― 特別公案研修

事業拡大の要である「ナンバー２」の条件を徹底探究する研修です。

〈総本山・正心館、東京正心館、横浜正心館、
中部正心館、大阪正心館、福岡正心館にて開催〉

「無限の富を宿す瞑想法」

豊かになるために必要な「３つの心の持ち方」を学び、それを体得した理想の自己像をイメージします。天上界の霊的パワーと、大きな成功をつかむための導きが得られる研修です。

〈全国の精舎にて開催〉

※当研修は、予告なく変更になる場合がございます。ご了承ください。

その他、全国の支部・精舎にて、様々な研修・祈願を開催しております。
詳しくは、**幸福の科学サービスセンター**までお問い合わせください。

TEL：03-5793-1727

幸福の科学グループのご案内

宗教、教育、政治、出版などの活動を通じて、地球的ユートピアの実現を目指しています。

宗教法人　幸福の科学

一九八六年に立宗。一九九一年に宗教法人格を取得。信仰の対象は、地球系霊団の最高大霊、主エル・カンターレ。世界百カ国以上の国々に信者を持ち、全人類救済という尊い使命のもと、信者は、「愛」と「悟り」と「ユートピア建設」の教えの実践、伝道に励んでいます。

（二〇一四年四月現在）

愛

幸福の科学の「愛」とは、与える愛です。これは、仏教の慈悲《じひ》や布施《ふせ》の精神と同じことです。信者は、仏法真理をお伝えすることを通して、多くの方に幸福な人生を送っていただくための活動に励んでいます。

悟り

「悟り」とは、自らが仏の子であることを知るということです。教学《きょうがく》や精神統一によって心を磨き、智慧《ちえ》を得て悩みを解決すると共に、天使・菩薩《ぼさつ》の境地を目指し、より多くの人を救える力を身につけていきます。

ユートピア建設

私たち人間は、地上に理想世界を建設するという尊い使命を持って生まれてきています。社会の悪を押しとどめ、善を推し進めるために、信者はさまざまな活動に積極的に参加しています。

国内外の世界で貧困や災害、心の病で苦しんでいる人々に対しては、現地メンバーや支援団体と連携して、物心両面にわたり、あらゆる手段で手を差し伸べています。

年間約３万人の自殺者を減らすため、全国各地で街頭キャンペーンを展開しています。

公式サイト　**www.withyou-hs.net**

ヘレン・ケラーを理想として活動する、ハンディキャップを持つ方とボランティアの会です。視聴覚障害者、肢体不自由な方々に仏法真理を学んでいただくための、さまざまなサポートをしています。

公式サイト　**www.helen-hs.net**

INFORMATION

お近くの精舎・支部・拠点など、お問い合わせは、こちらまで！

幸福の科学サービスセンター

TEL. 03-5793-1727（受付時間 火〜金：10〜20時／土・日：10〜18時）

宗教法人 幸福の科学 公式サイト　happy-science.jp

教育

学校法人 幸福の科学学園

学校法人 幸福の科学学園は、幸福の科学の教育理念のもとにつくられた教育機関です。人間にとって最も大切な宗教教育の導入を通じて精神性を高めながら、ユートピア建設に貢献する人材輩出を目指しています。

幸福の科学学園

中学校・高等学校（那須本校）
2010年4月開校・栃木県那須郡（男女共学・全寮制）
TEL **0287-75-7777**
公式サイト **happy-science.ac.jp**

関西中学校・高等学校（関西校）
2013年4月開校・滋賀県大津市（男女共学・寮及び通学）
TEL **077-573-7774**
公式サイト **kansai.happy-science.ac.jp**

幸福の科学大学（仮称・設置認可申請中）
2015年開学予定
TEL **03-6277-7248**（幸福の科学 大学準備室）
公式サイト **university.happy-science.jp**

仏法真理塾「サクセスNo.1」 TEL **03-5750-0747**（東京本校）
小・中・高校生が、信仰教育を基礎にしながら、「勉強も『心の修行』」と考えて学んでいます。

不登校児支援スクール「ネバー・マインド」 TEL **03-5750-1741**
心の面からのアプローチを重視して、不登校の子供たちを支援しています。
また、障害児支援の「ユー・アー・エンゼル!」運動も行っています。

エンゼルプランV TEL **03-5750-0757**
幼少時からの心の教育を大切にして、信仰をベースにした幼児教育を行っています。

シニア・プラン21 TEL **03-6384-0778**
希望に満ちた生涯現役人生のために、年齢を問わず、多くの方が学んでいます。

NPO
活動支援

学校からのいじめ追放を目指し、さまざまな社会提言をしています。また、各地でのシンポジウムや学校への啓発ポスター掲示等に取り組むNPO「いじめから子供を守ろう！ネットワーク」を支援しています。

公式サイト **mamoro.org**
相談窓口 **TEL.03-5719-2170**
ブログ **mamoro.blog86.fc2.com**

政治

幸福実現党

内《ない》憂《ゆう》外《がい》患《かん》の国難に立ち向かうべく、二〇〇九年五月に幸福実現党を立党しました。創立者である大川隆法党総裁の精神的指導のもと、宗教だけでは解決できない問題に取り組み、幸福を具体化するための力になっています。

党員の機関紙
「幸福実現NEWS」

TEL 03-6441-0754
公式サイト hr-party.jp

出版メディア事業

幸福の科学出版

大川隆法総裁の仏法真理の書を中心に、ビジネス、自己啓発、小説など、さまざまなジャンルの書籍・雑誌を出版しています。他にも、映画事業、文学・学術発展のための振興事業、テレビ・ラジオ番組の提供など、幸福の科学文化を広げる事業を行っています。

アー・ユー・ハッピー？
are-you-happy.com

ザ・リバティ
the-liberty.com

幸福の科学出版
TEL 03-5573-7700
公式サイト irhpress.co.jp

THE FACT
ザ・ファクト
マスコミが報道しない
「事実」を世界に伝える
ネット・オピニオン番組

Youtubeにて
随時好評配信中！

ザ・ファクト 検索